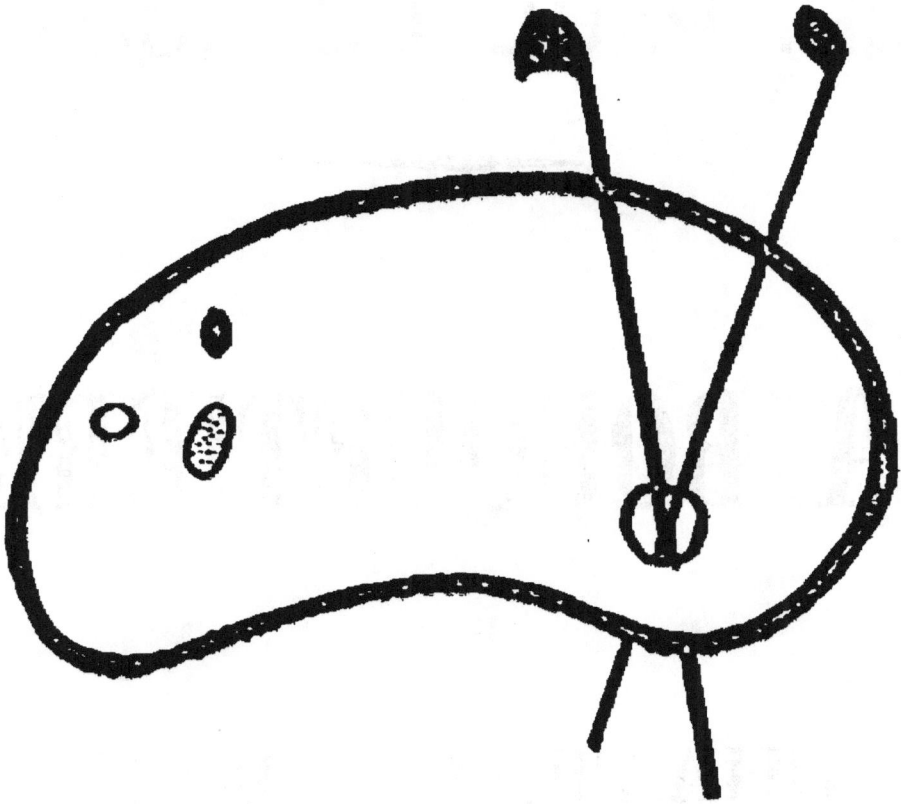

COUVERTURE SUPERIEURE ET INFERIEURE
EN COULEUR

24e LIVRAISON.   8   10 CENTIMES

CH. PAUL DE KOCK

LA BOUQUETIÈRE

DU

CHATEAU-D'EAU

PARIS

Dagorac-Cadot, Éditeur

70 bis, rue Bonaparte, 70 bis.

2 livraisons par semaine à 10 centimes

Collection à 1 fr. 25 c. le volume

~~~~~~~~

MADAME V. ANCELOT — vol.

Un nœud de ruban. 1
Georgine. 1
La Fille d'une joueuse. . . . 1
Une fortune mystérieuse . . . 1

ANONYMES

Mémoires secrets de Requelaure. 4

EUGÈNE ARNOULD

Les Brigands de Rome. . . . 2

COMTESSE DASH

Une fille de roi. 1

LÉON BEAUVALLET

Rachel. 1

BERNARDIN DE ST-PIERRE

Paul et Virginie, suivi de la
Chaumière indienne (avec
gravures. 1

CORTAMBERT

Impressions d'un Japonais en
France. 1

ÉLIE BERTHET

La Bête du Gévaudan. 2
Les Mystères de la Famille. . 1
Une Maison de Paris. 1
Le Roi des Ménétriers. . . . 1
L'Oiseau du Désert. 1
L'Étang de Préciguy. 1
Le Garde-Chasse 1
Le Val-d'Andorre. 1
La Dernière Vendette. 1
Le Capitaine Rémy. 1

ERNEST BILLAUDEL

Par-dessus le mur. 1
Histoire d'un Trésor. 1
Un Mariage légendaire 1

La Tête coupée. 1
La Femme fatale. 1

CAMILLE BODIN

Le Damné. 1
Alice de Lostange 1
La Cour d'assises. 1
Le Monstre. 1

JULES BOULABERT

La Fille du Pilote. 3
Les Catacombes sous la Terreur 2
Le Fils du Supplicié. 2
La Femme Maudite. 1
Les Amants de la Bironne. . . 2

FRÉDÉRIC BOUYER

L'Amour d'un monstre. . . . 1

JEAN BRUNO

La Reine des Pieuvres. 1

JULES CAUVAIN

Le Voleur de diadème. . . . .

ERNEST CAPENDU

La Popotte. 1
Le Pré Catelan. 1
Mademoiselle la Ruine 2
Les Mystificateurs. 1
Les Colonnes d'Hercule. . . . 1
Le Chasseur de Panthères. . . 1
Marthe de Kerven. 1

CONSTANTIN PALLU

Six mois à Eupatoria. 1

CHAMPFLEURY.

Succession Lecamus 1

CHARDALL

Les Vautours de Paris. 2

Paris. — Imp. Walder, rue de l'Abbaye, 22.

COLLECTION DES OEUVRES

DE

CH. PAUL DE KOCK

COLLECTION

DES

ŒUVRES DE CH. PAUL DE KOCK

---

2 francs le volume

SOUSCRIPTION PERMANENTE
OUVRAGES PUBLIÉS A CE JOUR :

Il est tiré de chaque ouvrage cent exemplaires à 5 francs
le volume, sur très-beau papier de Hollande.

Boulogne (Seine). — Imp. JULES BOYER

ŒUVRES DE CH. PAUL DE KOCK

LA BOUQUETIÈRE

DU

CHATEAU-D'EAU

II

PARIS

A. DEGORCE-CADOT, ÉDITEUR

70 BIS, RUE BONAPARTE, 70 BIS

LA BOUQUETIÈRE

DU

CHATEAU-D'EAU

XXVIII

Éducation d'un cacatoès.

(Suite.)

Pendant que ceci se passait chez M. de Roncherolle, la servante Joséphine était accourue chez Saint-Arthur, qui lui avait dit :

— Qu'est-ce que cela signifie, la fille ? est-ce qu'on n'est pas maître chez soi, dans votre hôtel ? Est-ce qu'on payant rubis sur l'ongle... et il me semble que je paie ainsi, on ne peut pas s'amuser à apprendre des phrases... des drôleries à son cacatoès ?

— Par exemple, monsieur ! mais qui donc vous en empêcherait ?... Certainement que monsieur est maître chez soi ! et qu'il peut y faire toutes les choses qui lui passeront par la tête sans qu'on vienne y fourrer son nez !... et qu'on est trop flatté de loger monsieur... et que monsieur doit bien voir qu'on accourt dès qu'il sonne...

— Alors, la fille, pourquoi un particulier, qui loge sans doute sur le même carré, se permet-il de cogner à la muraille ! de crier comme un sourd ! de jurer, de menacer, quand j'apprends à parler à Coco?... je n'ai acheté cet oiseau que dans cette intention ; dès qu'il parlera bien, je compte en faire présent à une actrice... qui est ma maîtresse... et qui m'adore ! et je n'entends pas à cause du voisin me priver de faire l'éducation de mon cacatoès.

— Comment, monsieur... ce vieux goutteux d'à côté s'est permis de crier, de cogner !... Ah ! ça ne m'étonne pas, il se permet tout cet homme-là... Ah ! quel vilain locataire !... Ah ! que je voudrais donc qu'il nous *quittasse* !... il trouve tout mal, tout mauvais dans la maison... A l'en croire il a logé dans des châteaux !... Mais faut pas faire attention à lui, allez, monsieur !... et surtout faut pas vous gêner !... d'abord vous occupez un appartement trois fois plus cher que le sien, par conséquent vous avez le droit de faire trois fois plus de bruit.

— Ce raisonnement, me semble... mathématique !... mais quelle espèce d'homme est-ce que ce voisin ?

— Quelle espèce?... dame, monsieur, il est de l'espèce des gens qui ont la goutte... il grogne, il jure, il crie, il est en colère parce qu'il ne peut pas sortir, et que je crois qu'il voudrait encore courir la pretentaine, quoique ça ne soit plus de son âge, mais il ne peut pas bouger et ça le vexe...

— Comment ! le voisin est vieux et impotent... et il se permet de me menacer ! moi !... Ah ! c'est trop drôle... Ah ! parole d'honneur, c'est amusant !... je crois que le plus sage est d'en rire !...

— Oh ! oui, monsieur ; mais si vous voulez que j'aille lui parler, moi, à ce vilain bougon...

— Non, non, ma chère, c'est inutile, je n'ai pas besoin d'intermédiaire dans ces sortes d'affaires ! je sais les terminer moi-même !... Allez ! allez ! nous mettrons le voisin au pas !...

Et le beau petit Saint-Arthur, enchanté d'apprendre que son voisin est vieux et malade, se redresse, et renvoie la servante en se promenant dans son appartement d'un air de matamore.

Il n'y a pas deux minutes que la servante est partie lorsque Beauvinet cogne discrètement, puis ouvre la porte et entre chez Saint-Arthur en fredonnant :

— Peut-on entrer ?

— Qu'est-ce qu'il y a encore ?... Que me veut-on ? demande le jeune lion en examinant la grosse figure ridée de Beauvinet.

— Monsieur... c'est moi, Beauvinet...

— Vous... je ne vous connais pas, vous...

— Ah ! parce que c'est Joséphine qui a demandé la préférence pour cirer monsieur... mais je suis aussi de la maison...

— D'abord, mon cher, on ne me cire pas, parce que je ne porte que des bottes vernies, et ça ne se cire pas les bottes vernies... vous venez donc de dire une bêtise; continuez.

— Je disais à monsieur que j'étais de l'hôtel...

— Qu'est-ce que vous êtes dans l'hôtel ?

— J'en suis le jeune homme, monsieur...

— Ah ! vous en êtes le jeune homme... depuis longtemps alors ?

— Depuis plus de vingt ans, monsieur !

— Vous êtes un ancien jeune homme, alors ?

— Oui, monsieur...

— Enfin que me voulez-vous ?

— Monsieur, c'est votre voisin d'à côté, M. de Roncherolle, qui m'envoie...

— Ah ! c'est le vieux d'à côté qui vous envoie... Ah ! je suis curieux de savoir ce qu'il me fait dire, ce monsieur qui n'aime pas les perroquets !... Il vous a chargé d'excuses pour moi, je présume ?...

— Oui, monsieur, oui, ça... ce monsieur m'a dit comme ça... qu'il savait bien qu'il s'était trop emporté tout à l'heure... que c'était la faute de sa position...

— Ah ! il en convient... c'est heureux... il était temps !...

— Ensuite, comme il a la goutte... et qu'il voudrait toujours dormir, ce monsieur m'a dit de vous prier de ne plus faire parler votre *cacatropèse* tant qu'il sera malade... mais dès qu'il sortira... alors vous pourrez rejouer avec votre oiseau...

— Oh ! ma foi, c'est trop fort ! Ah ça, mais il est donc décidément imbécile, ce vieux-là ?... Il ne faut pas que je fasse parler Coco dans la journée parce que ce monsieur veut dormir ! mais quand on veut continuellement dormir, on va se loger avec les marmottes ! et il croit que je vais lui obéir...

— Moi, monsieur, vous entendez, je vous répète ce qu'il m'a chargé de vous dire... comme étant le jeune homme de l'hôtel... Que dirai-je à ce monsieur de votre part ?

— Rien ! j'irai moi-même lui porter ma réponse, oui, il me verra, ce vieux podagre, il saura à qui il a affaire, car il est temps de mettre un terme à tout cela.

— Ah ! monsieur veut aller lui-même... chez son voisin.

— Oui, le jeune homme... Ah ! je vais lui apprendre à vivre, à ce bonhomme !... je n'instruirais mon cacatoès que quand ce monsieur serait sorti... Oh ! c'est délicieux... c'est à mettre dans une féerie... je raconterai tout cela à Zizi... elle rira bien ! Allez, le jeune homme ! on n'a plus besoin de vous.

Saint-Arthur va donner un coup d'œil dans une glace, il regarde si rien ne manque à sa toilette, s'étudie à se donner un air martial, et lorsqu'il tient son air, il prend sa jolie canne en ivoire et se rend chez son voisin.

Roncherolle essayait encore de se rendormir, il était sur le point d'y parvenir, lorsqu'il entend ouvrir et refermer avec violence sa porte d'entrée, après laquelle il laissait toujours la clé afin que l'on pût entrer chez lui sans qu'il se dérangeât.

— Qu'est-ce qui est là ? qui diantre fait ce tapage ? s'écrie le goutteux en faisant un soubresaut. On a donc le diable au corps aujourd'hui pour m'empêcher de dormir !... est-ce qu'on ferme les portes ainsi ?

— Apparemment que c'est ma manière de les fermer à moi !... dit Saint-Arthur en entrant dans la chambre le chapeau sur la tête, et en s'avançant vers Roncherolle sans même le saluer. Celui-ci ouvre de grands yeux et se met à examiner le personnage qui se présente ainsi chez lui.

— Vous me regardez d'un air tout étonné, monsieur le dormeur... Ah! en effet, vous ne me connaissez pas!... Je commencerai par vous dire que je m'appelle Alfred de Saint-Arthur, et que je loge là à côté de vous... dans un joli appartement... qui ne ressemble pas à celui-ci, enfin que je suis le maître ou le propriétaire du cacatoès que vous avez entendu tantôt...

— Je m'en doutais... oh! rien qu'à vous voir je l'aurais deviné, vous êtes le maître du perroquet!... car c'est bien maître qu'il faut dire, vu que vous êtes son cornac.

— Cornac!... ah! très-joli... le bonhomme veut plaisanter, je crois! eh bien, en effet, nous allons rire, je suis venu pour cela... Dites-moi, monsieur de la Marmotte... car un homme qui veut dormir toujours peut bien être classé dans les marmottes, dites-moi, mon vieux, vous avez donc envoyé quelqu'un chez moi pour me défendre d'apprendre à parler à l'oiseau rare que je possède; le nazillement de cet animal vous ennuie, vous fatigue... il vous empêche de faire dodo!... c'est désolant! en vérité j'en suis désolé! mais moi, au lieu de discontinuer mes leçons à Coco, je lui en donnerai depuis le matin jusqu'au soir, si cela me plaît! j'en ai le droit!.. je suis chez moi!... et si vous recommencez à taper, à cogner dans la séparation, pour me faire cesser, je vous préviens que cela finira mal, sacrebleu!... parce que... fichtre!... je ne suis pas endurant, moi! et morbleu... et...

Ici Saint-Arthur s'arrête, parce que son voisin le fixait d'une façon si singulière que cela commençait à lui ôter de son aplomb.

— Avez-vous fini? dit Roncherolle en roulant son fauteuil plus près de Saint-Arthur.

— Mais oui... je vous ai dit, il me semble, tout ce que j'avais à vous dire.

— Alors c'est à mon tour : d'abord où avez-vous cru entrer en venant ici, monsieur?

— Où j'ai cru entrer... drôle de question... mais il me

semble que je ne pouvais pas me tromper... je savais bien
que j'allais chez mon voisin...

— Non, monsieur, en venant ici, vous avez cru entrer
dans une écurie sans doute, car vous n'avez pas salué et
vous avez gardé votre chapeau sur votre tête...

— Ah! monsieur... c'est possible, mais...

— Quand on vient chez moi, monsieur, je veux...
j'entends que l'on ôte son chapeau... Allons! ôtez le vôtre
bien vite...

— Comment... que je l'ôte... mais si je ne...

— Si vous ne vouliez pas...'oh! alors je saurais bien
vous décoiffer moi-même, et ce ne serait pas long!...

Roncherolle a saisi sa canne, il la lève vivement et va
la diriger sur le chapeau de son élégant voisin; mais
celui-ci, en voyant ce geste, a déjà retiré bien vite son
chapeau de dessus sa tête, et il se sent pris par un fré-
missement de mauvais augure.

— Maintenant je vais répondre à vos sottises, car vous
n'avez pas su me dire autre chose depuis que vous êtes
ici. Je ne vous ai pas fait défendre d'instruire votre perroquet! d'abord je suis trop bien appris, moi, monsieur,
je sais trop bien vivre pour employer de pareils termes
avec un homme que je supposais bien élevé; je vous avais
fait prier de suspendre vos leçons de perroquet pendant
que je souffrais de la goutte... parce que, cette terrible
maladie me faisant souvent passer des nuits sans sommeil,
il était bien naturel que je désirasse goûter un peu de
repos pendant le jour. Et au lieu d'accéder à ma demande... ce qu'eût fait un homme poli, monsieur entre
chez moi comme sur une place publique... il m'appelle
son vieux!... la marmotte... il me menace de sa colère si
je me plains encore!... Savez-vous bien, monsieur, que
c'est une double lâcheté que d'insulter un vieillard, et un
homme qui est souffrant et ne peut se défendre.

Le beau petit Saint-Arthur, qui se sent très-mal à son
aise et a perdu toute sa jactance, balbutie:

— Mais monsieur... je ne sais pas si... je ne comprends
pas... je...

— Eh bien, monsieur, je vais, moi, vous apprendre

quelque chose, c'est que vous n'avez pas été aussi lâche
que vous l'avez cru... cela vous étonne, n'est-ce pas ? mais
voici comment : d'abord je ne suis pas si âgé que je le
parais, les revers et les maladies vieillissent très-vite,
monsieur ! ensuite c'est que, quoique pris par une jambe,
je suis encore en état de demander satisfaction d'une insulte, et vous allez en avoir la preuve...

Se roulant aussitôt près d'un secrétaire, Roncherolle
l'ouvre et en tire une paire de pistolets qu'il montre à
son voisin, en lui disant :

— Avec ceci, voyez-vous, nous allons nous asseoir
chacun à une extrémité de la chambre, et nous nous cas-
serons la tête le mieux du monde. Allons, monsieur,
prenez, ils sont chargés ; oh ! je suis un homme prévoyant,
moi !

Saint-Arthur est devenu blanc comme un navet, il
s'appuie sur un meuble pour se caler, et regarde du côté
de la porte. Mais Roncherolle reprend, en élevant la
voix :

— Voyons, monsieur, prenez donc et finissons-en...
vous êtes venu chez moi pour rire, eh bien, il me semble
que nous allons nous amuser... Qu'est-ce que vous avez
donc à regarder ainsi la porte ?... est-ce que vous voudriez
me fausser compagnie, par hasard ? je vous préviens que
cela ne vous avancerait pas à grand'chose, car je me
ferais rouler chez vous, je m'y roulerais moi-même s'il le
fallait, et je n'en bougerais plus que vous ne m'ayez
rendu raison.

— Mais c'est donc un duelliste incarné que ce vieux-
là !... se dit Saint-Arthur en s'appuyant sur tout ce qu'il
trouve sous sa main. S'apercevant bientôt que la retraite
est impossible, il prend une belle résolution, et s'avançant vers Roncherolle, il s'incline devant lui d'un air
humble, en lui disant d'une voix que la peur rend presque
touchante :

— Monsieur !... je suis en vérité honteux de ce que j'ai
fait... j'en suis confus... je me suis conduit avec vous
comme un écervelé... comme un paltoquet... tranchons
le mot, comme un polisson !... je ne sais pas ce que j'avais

en tête... c'est-à-dire si... je le sais à peu près... j'ai déjeuné ce matin avec du vin... qui n'était pas naturel... cela m'aura grisé... je sens tous mes torts... je les regrette... je désavoue les mots stupides que j'ai pu vous adresser... je les retire... enfin je vous fais mes excuses pour tout ce qui s'est passé... veuillez les agréer, et ne soyez plus fâché avec un voisin qui désormais ne cherchera qu'à vous être agréable...

Roncherolle regarde un moment le jeune homme, il secoue légèrement la tête et murmure :

— Est-ce que vraiment vous étiez un peu gris ?...

— C'est-à-dire que je l'étais beaucoup... j'avais bu six petits verres... et puis j'avais voulu ingurgiter du champagne...

— Et vous n'êtes pas fort à ce jeu-là, peut-être...

— Pas très-fort...

— Ah ! c'est moi qui pourrais vous donner des leçons...

— Vous savez ingurgiter le champagne ?

♦ — Je crois bien... je sais trente-trois manières de vider son verre !...

— Trente-trois manières... ah ! voilà de ces choses que je voudrais connaître... ainsi vous n'êtes plus fâché, voisin ?

— Il le faut bien, puisque vous me faites des excuses...

— Je vous les réitère...

— Et si vous m'aviez dit plus tôt que vous étiez gris...

— C'est vrai, c'est par cela que j'aurais dû commencer en entrant ; quant à mon oiseau, soyez tranquille, mon cher voisin, vous ne l'entendrez plus. J'ai d'ailleurs un cabinet après mes deux pièces, ça se trouve loin de vous, et en fermant toutes les portes je ne pense pas que vous puissiez encore l'entendre parler...

— Très-bien... de mon côté j'espère ne plus rester longtemps sans sortir. Alors comme je ne rentre guère que pour me coucher, vous pourrez tout à votre aise faire parler votre perroquet.

— Ce cher voisin... je suis bien enchanté que cette petite discussion m'ait procuré le plaisir de faire votre connaissance... je vois que vous êtes un homme qui avez vécu... quand on connaît trente-trois manières de boire du champagne !...

— Oui, en effet, j'ai vécu... et très-bien... trop bien apparemment, puisque l'on prétend que c'est la cause de ma goutte.

— Dès que vous serez guéri j'espère dîner avec vous... me ferez-vous l'honneur d'accepter ?

— Pourquoi pas ? je n'ai jamais refusé une occasion de plaisir, et ce n'est pas à présent que je commencerai !...

— Je vous ferai dîner avec une femme charmante... une actrice des boulevards ! ça ne vous choquera pas ?

— Me choquer ! bien au contraire ! jadis moi, je vous en aurais offert quatre !

— Ah ! bravo ! ah ! bravissimo ! je vois que nous sommes faits pour nous entendre... c'est que vous êtes très-gai !

— Je le suis bien plus quand je ne souffre pas !

— Attendez... oh ! attendez, s'il vous plaît, trois minutes, je vais faire un essai avec Coco...

Saint-Arthur quitte vivement Roncherolle et rentre chez lui où on l'entend qui ferme plusieurs portes. Au bout de quelques minutes il revient trouver son voisin en lui disant :

— Eh bien... avez-vous entendu ?

— Quoi donc ?

— Parler mon cacatoès ?

— Pas le moins du monde !

— Ah ! victoire ! j'ai été avec lui dans le petit boudoir, après les deux pièces, il ne bougera plus de là. Je l'y ai fait parler et beaucoup même...

— A-t-il dit : C'est Dutaillis qui est gentille ?

— Non, il a dit : Bonjour, monsieur Brillant ; mais je l'instruirai, j'y mettrai de l'entêtement, et du moment que cela ne vous incommode plus...

— Je n'entends plus rien.

— Alors cela ira tout seul. Au revoir, mon cher voisin ; bien enchanté d'avoir fait votre connaissance... vous me permettrez de venir m'informer de votre santé...

— Quand vous voudrez !...

— Je le voudrai souvent. Au revoir donc... tout à vous... ne vous dérangez pas...

— Oh ! il n'y a pas de danger !...

— C'est vrai... j'oublie toujours votre goutte... quel étourdi je suis !... Votre serviteur.

Saint-Arthur salue Roncherolle jusqu'à terre cette fois, puis sort de l'hôtel en disant à Beauvinet qu'il rencontre sur son chemin :

— J'ai vu ce monsieur qui loge à côté de moi ; c'est un homme charmant, un homme de grand mérite !... que je compte cultiver beaucoup, et sapristi il ne faudrait pas qu'on se permît d'en dire du mal en ma présence... sinon, on aurait affaire à moi !

Le jeune homme de l'hôtel reste tout hébété en entendant ces paroles, et pour tâcher de remonter son moral, il tire sa perruque sur son oreille gauche.

XXIX

Une viveuse.

Saint-Arthur était donc devenu pour M. de Roncherolle un voisin empressé, poli, obligeant et surtout très-visiteur. Le petit lion, en fréquentant le monsieur goutteux, avait été fort surpris de trouver chez son voisin de l'esprit, de la gaîté, une façon de compter piquante, originale, puis une mémoire fournie d'anecdotes comiques, gaillardes, souvent un peu lestés, mais pour Saint-Arthur cela en doublait le prix; il tâchait de retenir quelques-uns des faits que Roncherolle lui avait narrés et il allait ensuite les conter à sa maîtresse, que cela faisait beaucoup rire et qui lui disait:

— Tiens!... mais vous savez tout plein d'anecdotes drôles à présent!... c'est étonnant, bon ami; savez-vous bien que vous devenez amusant... est-ce que vous auriez de l'esprit par hasard?... Oh! comme vous avez joliment caché votre jeu!

— Mais oui! j'ai caché mon jeu! répondait Saint-Arthur en se caressant le menton; je cache encore une foule de choses!

Oh! vous m'étonnez de plus en plus, bon ami.

Roncherolle, obligé de garder la chambre, n'était pas fâché que quelqu'un vînt lui tenir compagnie; la sottise de son petit groom le faisait rire; le récit des bonnes fortunes de ce monsieur l'amusait beaucoup, et lorsque Saint-Arthur lui disait: N'est-ce pas que je suis un heureux mortel près des femmes? il haussait légèrement les épaules, en lui répondant: Le fait est que les femmes aiment beaucoup les hommes qui vous ressemblent.

Saint-Arthur avait plusieurs fois demandé à son voisin de lui apprendre quelques-unes de ses manières de boire le champagne, mais Roncherolle s'était contenté de rire en répondant:

— Ces choses-là ne s'apprennent qu'à table! Enfin la goutte avait petit à petit disparu, et bientôt Saint-Arthur ne trouva plus Roncherolle chez lui; il en demeura tout désappointé, la conversation spirituelle du voisin lui était devenue nécessaire, il en retenait par-ci par-là quelque chose; il est toujours bon de fréquenter les gens d'esprit, ils se laissent voler si facilement!

Le petit lion se lève de bonne heure le lendemain pour trouver son voisin avant qu'il sorte; il le prend au saut du lit et lui dit:

— Vous allez donc mieux, puisque vous sortez?

— Dieu merci; est-ce que vous pensiez que je resterais éternellement sur ce vieux fauteuil?

— Non sans doute... je suis enchanté que vous alliez

mieux, mais vous m'avez fait faute hier... parce que quand je cause avec vous... je retiens toujours de ces petites facéties... que vous contez si bien... et j'amuse Zizi... Hier, je n'ai rien eu du tout à lui dire, et elle m'a trouvé bête... vous concevez, c'est une manière de parler...

— Je conçois très-bien. J'en suis fâché, votre belle pourra encore vous trouver bête aujourd'hui, car je n'ai nulle envie de garder la chambre pour vous conter des facéties...

— Aussi ce n'est pas cela que je venais vous demander, mais quelque chose de mieux. Voulez-vous nous faire l'honneur de dîner avec nous aujourd'hui ?

— Où cela ?

— Chez Bonvalet, au coin de la rue Charlot...

— Oh ! je connais Bonvalet !... j'y ai dîné bien souvent !

— Eh bien, ça vous va-t-il pour aujourd'hui ?...

— Cela me va très-bien.

— Ah ! vous me ravissez... nous aurons Zizi Dutaillis, vous savez...

— Oui, vous me l'avez déjà dit ; je serai enchanté de faire sa connaissance, j'ai toujours beaucoup aimé les dames de théâtre.

— Nous aurons aussi un de mes amis... un auteur... M. Jéricourt, le connaissez-vous ?

— Je n'en ai jamais entendu parler.

— C'est un garçon d'un grand mérite et qui ira très-loin !

— Qui est-ce qui dit cela... est-ce lui ?

— Non, c'est un journal dans lequel il travaille.

— Oh ! alors cela revient au même. Du reste je croirai à votre ami autant de mérite que vous voudrez, je suis de bonne composition.

— Nous dînerons à cinq heures et demie... je sais bien que c'est mauvais genre de dîner sitôt, mais c'est à cause de Zizi qui joue dans la dernière pièce, et ce ne serait pas amusant de se presser.

— C'est entendu, je vous promets d'être exact.

— Très-bien !... Ah ! dites donc, vous m'apprendrez les trente-trois manières de boire un verre de champagne ?

— Vous ne pourrez peut-être pas apprendre les trente-trois en une seule séance... Ce serait beaucoup risquer ! mais enfin nous ferons de notre mieux.

— C'est cela !... nous en apprendrons le plus possible ; à tantôt.

A cinq heures et demie très-précises, M. de Roncherolle ayant mis son habit le moins râpé et qui lui pince le mieux la taille, un pantalon bien tendu, des souliers vernis, un gilet tout blanc, un col de satin noir orné d'un joli nœud, et son chapeau un peu sur le côté, arrive chez Bonvalet en ne s'appuyant pas trop sur sa canne et demande le cabinet de M. de Saint-Arthur. Un garçon s'empresse de le conduire et ouvre un joli cabinet assez vaste pour que quatre convives n'y soient ni trop gênés ni trop à l'aise.

Mademoiselle Zizi Dutaillis était aux trois quarts couchée sur un divan, chiffonnant un charmant bouquet que son amant venait de lui donner et arrachant de temps à autre une fleur pour la mettre dans ses cheveux blonds et se regarder dans une glace. La jeune actrice avait une piquante toilette rose et noire mélangée de soie, de velours et de dentelle, qui avait infiniment de ressemblance avec celui de ces fameuses danseuses espagnoles qui ont eu la bonté de venir à Paris nous initier aux charmes des véritables danses de leur pays. Cette toilette seyait très-bien à la jeune actrice, qui, avec ses yeux bleu tendre, sa petite bouche, ses sourcils très-noirs et ses cheveux très-blonds, faisait bien le petit minois le plus coquet et le plus coquin qu'il fût possible de rencontrer sur les théâtres des boulevards.

Saint-Arthur qui était près de la fenêtre, court à Roncherolle en s'écriant :

— Ah ! que c'est aimable, cela ; voilà un homme exact !...

— Je n'ai jamais su ce que c'était de faire attendre les dames, dit le nouveau venu en saluant mademoiselle Zizi ; celle-ci, qui n'a pas quitté sa position horizontale en voyant entrer quelqu'un, fait un petit salut de tête tout sans façon... en disant :

— Bonjour, monsieur...

— Mademoiselle Dutaillis, dit le beau petit lion en prenant la main de son voisin et se donnant un air grave, j'ai l'avantage de vous présenter M. de Roncherolle... mon voisin... qui a bien voulu accepter l'invitation que... tant en mon nom qu'au vôtre... pour avoir le plaisir...

— Ah ! c'est bon ! as-tu fini ? tu nous embêtes avec tes discours, toi ! monsieur se présentera bien tout seul... nous sommes ici pour *rigoler* et nous donner une petite culotte !... n'est-ce pas, monsieur, il n'y a pas besoin de faire des manières pour dire cela ?

— Ah ! bravo !... voilà un discours comme je les comprends ! dit Roncherolle en allant prendre une main de Zizi qu'il tapotte dans les siennes, et si j'étais plus ingambe, je dirais aussi : Voilà une femme comme je les aime.

— Voyez-vous çà !... vous n'êtes pas dégoûté... vous êtes un ancien farceur, vous, ça se voit tout de suite. Vous avez fait des folies pour les femmes, n'est-ce pas ?

— Je m'en fais gloire ; je n'ai qu'un regret, c'est de ne plus pouvoir en faire !...

— Alfred, vous entendez ! prenez monsieur pour modèle ! que son rotin vous serve de ralliement ! vous le trouverez toujours au chemin de la gloire !...

En disant cela, Zizi s'était emparée de la canne de Roncherolle ; elle l'avait enfoncée dans un moutardier qui était sur la table, et elle brandissait en l'air et la canne et le moutardier. Roncherolles se laisse aller sur une chaise en riant aux larmes ; mais Saint-Arthur pousse un cri parce qu'il vient d'être éclaboussé avec la moutarde, et qu'il en a reçu dans l'œil et sur son gilet.

— Ah ! sapristi, Zizi, prenez donc garde... voyez donc ce que vous faites... vous m'envoyez de la moutarde sur mon gilet.

— Le grand malheur ! les gilets se nettoient, cher ami !

— Mais vous m'en avez envoyé aussi dans l'œil !...

— Les yeux se nettoient aussi...

— Ça me piquotte horriblement !...

— Ça vous éclaircira la vue !... et vous allez peut-être à présent voir des choses dont vous ne vous doutiez pas et qui vous éblouiront !... ne pleurez donc pas et occupez-vous du but important qui nous réunit... la boustifaille !... Avez-vous fait votre carte, moi j'ai très-faim d'abord... et vous, monsieur ?

— Je suis bien disposé pour vous tenir tête...

— Avec une fourchette seulement !...

— Eh !... prenez garde ! vos yeux sont, je crois, le meilleur remède contre la goutte.

— Tiens ! tiens... si je savais cela, je demanderais un brevet d'invention pour mes yeux. A propos, Frefred, et cet oiseau rare, cet oiseaux merveilleux dont vous devez me faire présent. Quand donc arrivera-t-il !... est-ce que nous allons le manger en rôti !

— Ah ! par exemple, ce serait grand dommage... car il est magnifique... mais je suis en train de faire son éducation ; je vous le donnerai quand il dira des choses charmantes.

— Je suis sûre que vous ne lui apprenez rien du tout!

— Ah ! demandez à mon voisin, il vous dira que c'est l'éducation du cacatoès qui est cause de notre connaissance.

— C'est la vérité, belle dame... oh ! vous aurez un oiseau savant.

Ça me changera, moi qui n'ai jamais eu que des serins. Voyons, Frefred ! ce dîner est-il commandé ? tu sais bien que je joue ce soir... dans la dernière pièce heureusement ; je n'entre en scène qu'à dix heures et demie, mais il faut le temps de s'habiller auparavant, et quand on vient de dîner et qu'il faut se presser, ça vous fait gonfler, il n'y a pas moyen d'entrer dans ses robes...

— Le dîner est commandé... j'aime à croire, ma diva, que vous serez satisfaite !

— Je m'en flatte, et d'ailleurs c'est la première fois
que vous traitez monsieur, vous devez aussi vous piquer
d'honneur afin qu'il voie que vous avez quelque talent
pour ordonner un petit Balthazar... Sonnez le garçon,
cher ami...

— Mais c'est que... j'avais dit à Jéricourt, de venir...
et il avait promis...

— Ah ! je me fiche pas mal de votre Jéricourt qui se fait
toujours attendre .. qu'aviez-vous besoin de l'inviter ?...
Depuis quelque temps j'en ai plein le nez, de votre
Jéricourt ! il se donne des airs... il trouve détestable tout
ce que font les autres... Avec ça qu'elles sont jolies, ses
pièces ! on y fait queue pour s'en aller...

— Mais, Zizi, j'ai cru vous être agréable ; autrefois
vous n'étiez jamais contente si Jéricourt ne dinait pas
avec nous...

— Ah ! autrefois ! c'est possible ! mais autrefois et aujourd'hui ! il y a un demi-siècle entre ces deux mots-là...
n'est-ce pas, monsieur, que nous ne devons pas attendre
son ami... qui flâne continuellement, mais qui se fait
toujours attendre pour faire de l'esbrouffe ? Absolument comme ces personnages un peu connus dans les arts
ou les lettres, et qui, à la première représentation d'une
pièce nouvelle, ne viennent jamais que lorsqu'ils sont certains que la pièce est commencée, parce qu'alors il faut
que tout le monde se dérange pour qu'ils arrivent à leur
stalle... et ils sont persuadés que chacun se dit : Ah !
c'est un tel... ah ! c'est ce fameux écrivain... ah ! c'est
cet artiste célèbre... ah ! comme il se coiffe d'une façon
qui annonce son génie !... mais, au lieu de ces exclama-
tions d'admiration qu'ils croient soulever sur leur passage,
si ces messieurs avaient les oreilles plus fines, ils enten-
draient: Ah ! quel ennui !... ah ! quelle scie !... déranger
tout le monde au milieu d'un acte ! que le diable l'emporte, celui-là... Il a donc bien envie de se faire voir !...
il n'est pourtant pas beau ! c'est une petite réclame qu'il
se fait à lui-même ! Et puis !.. et puis !... n'est-ce
pas vrai, monsieur ?

— Mais savez-vous, charmante Zizi, que vous êtes observatrice ?...

— Je ne sais pas ce que je suis, mais je sais que j'ai faim et que je veux dîner... Il est six heures moins cinq minutes... Nous avons déjà beaucoup attendu.

— Je suis de votre avis, une dame ne doit jamais attendre pour un cavalier...

Saint-Arthur a sonné. Le garçon sert. On attaque les ostendes, que l'on arrose avec un excellent châblis. De temps à autre l'amphitryon s'écrie :

— C'est égal ! ça m'étonne bien que Jéricourt ne vienne pas... je lui avais annoncé qu'il dînerait avec mon honorable voisin...

— Il fallait lui annoncer une voisine, dit Roncherolle, et cela aurait plutôt attiré ce monsieur...

— Bon ! bon !... mangeons toujours ! il viendra au dessert, dit Zizi, on lui donnera des mendiants.

Mais au moment où l'on servait le potage, Jéricourt paraît, et il fait une légère grimace en s'apercevant qu'on ne l'attendait pas pour dîner.

— Eh ! arrive donc, maudit traînard ! dit Saint-Arthur, tu ne veux donc jamais être exact !...

— Qu'est-ce que cela fait... du moment que vous ne m'attendez pas ? répond Jéricourt en saluant à peine la compagnie.

— Vous attendre ! s'écrie Zizi ; ah ! par exemple... le plus souvent... ayez donc mal à l'estomac pour monsieur !...

— Mon ami, dit Alfred, je te présente M. de Roncherolle, mon voisin...

Jéricourt incline légèrement la tête en regardant d'un air protecteur Roncherolle, dont probablement la mise lui semble de beaucoup en retard avec les modes du jour. Le vieux monsieur, qui a regardé l'air important avec lequel l'homme de lettres vient de le saluer, s'empresse de dire à Saint-Arthur :

— Pardon, mon cher voisin, mais je ne vous ai pas chargé de me présenter à monsieur... Que vous me le présentiez... passe!... mais que je lui sois présenté... non! cela ne me va pas...

Saint-Arthur demeure tout interdit; Jéricourt se pince les lèvres, et la petite actrice se met à rire en disant :

— Alfred! il paraît que tu n'es pas fort sur le chapitre des cérémonies; on ne te nommera pas ambassadeur, mon bon!

Jéricourt, qui s'aperçoit que le monsieur que l'on a invité à dîner est d'une humeur pointilleuse et a l'habitude du monde, se décide à prendre la chose gaiement, et répond, en saluant Roncherolle :

— Au fait, c'était à moi d'être présenté à monsieur, car il a le privilége de l'âge!

— Triste privilége! n'est-ce pas, monsieur? mais il faut bien l'accepter quand il arrive.

— Jéricourt, veux-tu des ostendes?... je vais sonner le garçon...

— Non, merci, je ne mangerai pas d'huîtres... je n'y tiens plus.

— Bah! tu ne tiens plus aux huîtres... j'ai vu un temps où tu les adorais!

— Est-il godiche, cet Alfred! s'écrie Zizi, de s'étonner que les goûts changent!...

— Dame... moi, j'ai toujours les mêmes pour la table ; j'aime les huîtres, j'y tiens toujours!...

— Après cela, ce sont peut-être les huîtres qui tiennent à toi! répond Jéricourt en se servant du potage.

— Hum!... cela ne commence pas mal, se dit Roncherolle en versant du madère à sa voisine, qui lance un regard furibond sur Jéricourt. Celui-ci, tout en avalant son potage, jetait de temps à autre les yeux sur le monsieur qui était son vis-à-vis, et se disait à lui-même :

— Je connais cet homme-là... certainement ce n'est pas la première fois que je le vois... mais où diable l'ai-je rencontré?...

De son côté, Rocherolle, qui avait dès le premier coup d'œil reconnu l'homme de lettres, souriait malignement en se laissant regarder, et continuait d'être galant pour sa voisine, qui lui disait tout en mangeant comme quatre :

— Vous me plaisez, vous ! vous êtes aimable, vous !... vous valez mieux que tous ces cadets-là !... vous êtes aussi jeune qu'eux ! seulement il y a plus longtemps que vous l'êtes !

Enfin Jéricourt, n'y pouvant plus tenir, dit à son vis-à-vis :

— Mon Dieu, monsieur, vous trouvez peut-être que je vous regarde beaucoup...

— Cela me flatte, monsieur ; je pense que vous me trouvez agréable à regarder...

— Monsieur... ce n'est pas positivement cette raison, mais c'est qu'il me semble que ce n'est pas la première fois que nous nous trouvons ensemble ?

— En effet, monsieur, et je vous ai reconnu sur-le-champ, moi, lorsque vous êtes entré.

— Alors, soyez donc assez bon pour me rappeler l'endroit...

— C'était près d'ici... sur le marché aux fleurs du Château-d'Eau... vous marchandiez un bouquet, ainsi qu'un vilain petit jeune homme... de vos amis, je crois... et vous ne vous décidiez pas... moi je suis venu et j'ai mis fin à votre incertitude en prenant le bouquet... vous souvenez-vous maintenant ?...

— Très-bien, monsieur, oui, je me souviens !

Et Jéricourt se pince encore les lèvres en faisant la grimace, parce que ce souvenir ne lui rappelle rien d'agréable.

— Il y a eu ensuite un gamin qui a jeté par terre le petit vilain jeune homme, lequel en tombant a déchiré son pantalon...

— A quel endroit ? demande mademoiselle Zizi.

— Aux genoux seulement !...

— Ah ! c'est pas assez drôle !...

— Il y avait aussi une jeune bouquetière... fort gentille, ma foi !...

— Je la connais ! dit Saint-Arthur, elle me fournit, c'est Violette...

— Et de quoi vous fournit-elle, gros monstre ! s'écrie Zizi, en levant sa fourchette sur son amant comme pour le poignarder.

— Mais, mon Dieu, c'est tout simple, mon ange, une bouquetière, elle me fournit des fleurs, naturellement.

— Hum ! vous seriez bien capable de chercher chez elle une autre fourniture.

— Ah ! Zizi !... par exemple... ne sois donc pas jalouse comme cela... D'ailleurs cette bouquetière est une conquête de Jéricourt, c'est une de ses victimes...

— Je ne m'en défends pas... j'ai commis ce péché !... et monsieur est là pour le dire, la petite en vaut la peine !...

— Je suis là pour dire que la petite est jolie, monsieur, mais voilà tout !... car le jour où je vous ai vu près d'elle, vous n'aviez pas l'air d'avoir fait sa conquête !...

— Décidément ce vieux-là me déplait ! se dit Jéricourt.

XXX

Différentes manières de boire le champagne.

— Voyons, Alfred ! du champagne ! tout de suite ! je veux du champagne, moi... et du frappé...

— Voilà, ma sirène !... il est derrière nous qui cuit dans sa glace... Ah ! c'est à présent que M. de Roncherolle va nous apprendre une foule de jolies choses... Jéricourt, monsieur sait trente-trois manières de boire un verre de champagne !...

— Monsieur en est bien capable !

— Par exemple, dit Roncherolle, pour mes expériences ce ne sont pas des coupes, ce sont des cornets qu'il faut...

— En voilà... j'avais fait demander deux sortes de verres...

— Je verse... voyons la première manière... attention. Roncherolle vide tranquillement son verre et dit :

— Il y a d'abord celle-ci, qui est de le boire comme tout le monde.

— Oh ! celle-là, je la connais !...

— C'est heureux que tu en connaisses une, dit Zizi, sans cela on aurait cru qu'il fallait te mener boire...

— Passons à une seconde manière...

— Vous me permettrez de manger un peu de riz de veau avant ?

— Ah ! c'est trop juste...

— Sans cela, dit Jéricourt d'un air moqueur, on pourrait penser que tu n'as engagé monsieur à dîner absolument que pour apprendre à boire !...

— Et quand cela serait ! dit Roncherolle, je n'en voudrais pas pour cela à mon voisin ! cela prouverait que je suis encore bon à quelque chose, et l'on traite si souvent des gens qui ne sont bons à rien.

— La seconde manière, cher ami, la seconde manière ! dit Zizi en donnant une petite tape sur la joue de Roncherolle.

— A vos ordres, belle dame. Tenez, ce verre est plein... je le mets sur cette assiette, il s'agit de le vider entièrement sans le toucher avec les mains, et sans en renverser une goutte...

— Oh ! voilà qui doit être extrêmement difficile... je dirai plus, cela me semble infaisable, dit Saint-Arthur.

— Pas du tout, tenez.

Roncherolle prend l'assiette sur laquelle est le verre, la soulève, approche le verre de ses lèvres, puis le penche vers sa bouche en le retenant toujours avec l'assiette et en avale ainsi tout le contenu.

— Ah ! charmant, délicieux, s'écrie Alfred.

— J'avais déjà vu faire cela, mais je l'avais oublié, dit Zizi ; attendez, je crois que je saurai.

La jeune actrice fait exactement comme Roncherolle, et réussit parfaitement.

— A votre tour, Jéricourt !...

— Cela !... mais c'est le pont aux ânes ! répond celui-ci en haussant les épaules.

— Eh bien, faites-le donc...

— Non, je ne suis pas venu dîner pour faire des tours.

— C'est dommage, dit Roncherolle, car je suis persuadé que monsieur doit en savoir que nous ne connaissons pas.

— En ce cas, reprend Saint-Arthur, en emplissant jusqu'aux bords un verre de champagne qu'il place sur une assiette, c'est donc à moi ; maintenant que j'ai vu faire la chose deux fois, je ne vois pas pourquoi je ne la ferais pas aussi... je ne suis pas plus bête qu'un autre...

— C'est dommage, mon ami, c'eût été un moyen de te faire remarquer !...

— Chut ! Zizi !... ne disons pas de méchancetés et attention, je commence.

Le joli jeune homme est parvenu à soutenir son verre contre ses lèvres, mais au moment de boire, il lève trop l'assiette, et tout le contenu du verre tombe dans sa chemise et sa cravate. Alfred pousse des cris de désespoir, tandis que ses trois convives rient à gorge déployée, car cet incident a remis Jéricourt en belle humeur.

Ah ! sapristi !... voilà qui est fait pour moi... j'allais réussir... car certainement j'aurais tout bu sans en renverser une goutte...

— Mais vous n'en avez pas non plus renversé une goutte, dit Roncherolle, tout y a passé...

— Je suis inondé... ma chemise est trempée... ma cravate imbibé... comment ferai-je... je ne puis me montrer dans cet état...

— Eh bien, mon ami, tu ne te montreras pas, tu te cacheras ; d'ailleurs il fera nuit quand tu sortiras d'ici, tu en seras quitte pour boutonner ton habit militairement... ça te donnera l'air d'un brave, ça te changera...

— Mais je suis mouillé... je suis...

— Allons, qu'on prenne une serviette, qu'on s'éponge, et qu'on ne soit pas de mauvaise humeur surtout ; nous sommes venus ici pour nous amuser et tu as encore trente et une manières à apprendre à boire le champagne...

Saint-Arthur ne réplique pas, il se fourre trois serviettes sur la poitrine et se remet à manger.

— Que diable, mon cher, dit Jéricourt en buvant lentement son verre, voulez apprendre des choses originales pour être aimable en société... on ne réussit pas toujours !

— Nous avons même des personnes qui n'y réussissent jamais ! dit Roncherolle.

— Je demande une suspension pour les leçons de champagne, dit Alfred, j'ai besoin de me sécher avant de me livrer à d'autres essais.

— Nous y consentons, dit Zizi, à condition que cela ne nous empêchera pas d'en boire...

— Il me semble que vous allez bien, dit Jéricourt, vous serez gaie dans la pièce de ce soir !

— Tant mieux ! la pièce manque de gaîté, je ferai donc bien d'en mettre...

— J'ai pourtant manqué de jouer la comédie, moi, dit l'amphitryon tout en continuant de s'éponger... Te rappelles-tu, Jéricourt, cette campagne où tu m'as mené il y a quelques semaines... à Nogent-sur-Marne ?...

— Oui, c'était assez amusant !...

— Ce qui ne m'a pas semblé amusant, par exemple, c'est d'être obligé de ramener à Paris une dame... une ci-devant jolie femme...

— Pourquoi as-tu la sottise de dire que nous avons un coupé qui nous attend ? aussitôt cette dame a saisi la balle au bond et nous a demandé une petite place dans notre voiture...

— Petite, n'était pas le mot... cette dame a peut-être été mince, mais elle ne l'est plus.

— Ah ! on ne m'avait pas parlé de cette dame que l'on a reconduite !... s'écrie la jeune actrice en lançant à son amant un coup d'œil américain. Ceci me semble louche !...

— Ah! par exemple, ma diva... quand on te dit que c'était une dame sur le retour...

— Il me semble que vous y étiez aussi avec elle, sur le retour...

— Du reste, c'est une femme fort distinguée, une baronne...

— Voyez-vous cela! il faut des baronnes à monsieur!

— La baronne de... de Grangeville, c'est cela!...

— De Grangeville?... dit Roncherolle, qui, en entendant ce nom, a reposé sur la table le verre qu'il s'apprêtait à vider. Ah!... cette dame que vous avez ramenée chez elle était la baronne de Grangeville?

— Oui, mon cher voisin... est-ce que vous la connaissez?

— Non... c'est-à-dire... son nom m'a rappelée une personne que j'ai connue...

Roncherolle est devenu pensif, Zizi lui frappe sur le genou en lui disant :

— Eh bien!... voyons, à quoi rêvez-vous, mon chevalier de la Table ronde!... est-ce que le nom de cette baronne va vous ôter votre gaieté?... Ah! mais je n'entends pas cela... qu'on me laisse donc en repos avec toutes ces grandes dames... je demande une troisième manière de boire le champagne!...

— Voilà!... présent! dit Roncherolle en reprenant son air enjoué. Tenez, chère amie, voici une troisième manière : nous avons tout à l'heure mis ce verre sur l'assiette comme ceci, n'est-ce pas?... Eh bien, maintenant nous allons faire tenir ce second verre sur le premier... ce n'est pas bien difficile, mais ensuite nous remplissons ce verre qui est en haut et nous buvons le contenu en soulevant l'assiette comme tout à l'heure, et sans toucher aux verres...

— Oh! mais ce doit être extrêmement difficile...

— Tenez, voyez.

Roncherolle exécute ce qu'il vient de dire sans renverser une goutte de champagne. Saint-Arthur est dans l'admiration. Jéricourt murmure en se dandinant sur sa chaise :

— J'ai vu faire cela à des paillasses sur le boulevard.

Roncherolle regarde Jéricourt d'une façon moitié colère, moitié goguenarde en lui disant : — En effet, monsieur, moi j'ai été très-longtemps paillasse !... et si la société me le permet, je me fais fort de vous rendre, en fort peu de temps, plat comme cette lame de couteau !

Jéricourt ne sait plus ce qu'il doit répondre. Zizi, qui avec ce tact que possèdent toutes les femmes devine une querelle prête à éclater, s'empresse de dire à Roncherolle : Voyons, mon cher galant, puisque vous voulez bien être si complaisant, et nous initier à votre science... montrez-moi ce que vous venez de faire, je vais essayer de vous imiter... je veux être votre pitre !

— Moi, dit Saint-Arthur, je n'essaierai cette troisième manière de boire que chez moi et avec de l'eau pure...

— Oh ! vous ferez bien, mon bon, car ici vous casseriez trop de verres...

La jeune actrice fait ce que Roncherolle vient de leur montrer et elle réussit également.

— Bravo !... bravo !... s'écrie l'amphitryon. Honneur à Zizi... tu sais déjà trois manières, chère amie !

— Et je ne m'arrêterai pas là.

— Ces femmes réussissent dans tout ce qu'elles veulent entreprendre, dit Roncherolle.

Jéricourt se pince les lèvres en murmurant :

— Madame Saqui ne ferait pas mieux !

— Oh ! vous avez toujours l'air de vous moquer, vous ! dit Zizi, mais vous seriez bien embarrassé pour en faire autant... la critique est aisée... mon cher !...

— Ce qu'il y a de certain, c'est que je ne me permettrai pas de lutter avec vous !...

— Parce que vous sentez votre infériorité.

— Mais je vous attends à la trente-troisième manière... Je crois qu'alors vous ferez des choses bien extraordinaires.

— Oh ! mon petit, nous ne sommes pas encore si sottes... nous voulons bien rire, avoir une pointe, mais nous ne voulons pas nous griser, Nous apprendrons encore une manière ce soir, et ce sera tout pour aujourd'hui. N'est-ce pas, mon galant?

— Comme vous l'ordonnez, belle dame.

— Mais savez-vous que vous êtes solide, vous; il paraît que le champagne ne vous étourdit pas du tout. Vous buvez plus que nous et vous n'avez pas l'air d'y penser.

— C'est le résultat de mes longues études, l'âge a encore ce privilége!

— Voyez Alfred, il n'a pas bu, je gage, la moitié autant que vous, et il a déjà les yeux en papillottes; on croirait qu'il va s'endormir.

— Moi... oh! je n'en ai nulle envie... c'est que je songeais...

— A quoi?...

— A la baronne qu'il a reconduite, sans doute! reprend Jéricourt, en jetant un coup d'œil ironique sur le monsieur qui lui déplaît, dont il a remarqué l'émotion lorsqu'on a prononcé le nom de la baronne.

— Est-ce que vous allez encore nous embêter avec votre dame titrée! s'écrie mademoiselle Zizi : ah! qu'il est taquin ce Jéricourt!...

— Ce sujet vous ennuie... mon bel ange, pardon... je ne sonnerai plus mot de cette dame. Au reste... je crois que c'est tout bonnement une baronne de contrebande cette madame de Grangeville...

— Et qui vous fait présumer cela, monsieur? A propos de quoi insultez-vous cette dame? dit Roncherolle d'un ton qui n'a plus rien de plaisant et en attachant sur l'homme de lettres des regards qui ne sont pas doux.

— Comment... j'insulte?... mais vous-même, monsieur, pourquoi vous faites-vous le champion de cette dame... si vous ne la connaissez pas?

— Je la connais, monsieur, et j'ai le droit de la défendre... La baronne de Grangeville est plus noble que vous n'êtes lettré; ce ne serait pas encore dire qu'elle le soit beaucoup peut-être...

— Monsieur, c'est vous qui m'attaquez maintenant... avez-vous l'intention de m'offenser?

— Ah! messieurs!... par exemple!... quoi... on va se

chamailler à présent! murmure le petit Alfred, dont la bouche est devenue pâteuse. Je n'entends pas ça... je...

— Tais-toi donc, Bibi!... s'écrie mademoiselle Zizi... Tu ne vois pas que c'est une farce!... ce serait joli... venir dîner avec une dame pour se prendre de bec devant elle!... D'abord, je crois monsieur trop bien élevé pour cela... et quant à Jéricourt, il sait bien qu'il ne fait pas bon me fâcher; j'ai des moyens de me venger! Allons, qu'il ne soit plus question de tout cela, et le cher voisin va nous montrer une quatrième manière de boire le champagne... et tout le monde essayera de l'imiter cette fois... vous le voulez bien, cher ami?

— Je vous ai dit, belle dame, que j'étais toujours à vos ordres.

— A la bonne heure, vous voilà redevenu gentil.

Pendant que Roncherolle emplit son verre, Jéricourt se lève, prend son chapeau, et salue froidement la compagnie en disant :

— Il est huit heures et j'ai un rendez-vous pour cette heure; je suis désolé de ne pouvoir rester davantage...

— Ah! tu nous quittes sitôt? balbutie Alfred.

— Liberté! *libertas!* dit Zizi; bien des choses chez vous, monsieur!...

Jéricourt est parti; alors la jeune femme se lève de table et se met à danser une espèce de cachucha devant la glace, en chantant :

<blockquote>
Il est parti
Ce cher ami!...
Ah! ça m'enchante!
J'en suis contente!...
Traderi dera la la
Traderi deri! Biribi!
</blockquote>

— Ma foi! dit Roncherolle, je vous avouerai franchement, mon cher monsieur Saint-Arthur, que M. Jéricourt ne me va pas du tout et que je réclame comme faveur que vous ne me fassiez plus dîner avec lui!

— Ni moi non plus je ne redînerai plus avec ce monsieur mal léché... tu entends, bon ami?

— J'ai entendu!... mais voyons la quatrième manière...

— Attention, vous allez me chanter: *Quand les cloches du village sonnent pour l'ouvrage, eh bon, bon, bon!...* je tiens mon verre plein, je bois après vos trois bon, et je réponds: bon! Vous répétez trois fois: *eh bon, bon, bon*, chaque fois je réponds: bon, après avoir bu, et la dernière fois je dois avoir achevé de vider mon verre quand je réponds le dernier: bon.

— Ah! fichtre! c'est très-compliqué ceci!...

— Pas du tout; il ne s'agit que de boire son verre en trois fois, de ne commencer à boire que sur les: *eh bon! bon! bon!* et d'avoir fini pour dire le dernier bon. Chantez, belle Zizi !...

— M'y voilà !

> Quand les cloches du village
> Sonnent pour l'ouvrage,
> Eh bon, bon, bon...

Roncherolle, après avoir bu :
— Bon !

ZIZI.

Eh bon, bon, bon...

Roncherolle: — Bon !

ZIZI.

Eh bon, bon !...

— Bon!... et vous voyez, il est vide!...

— Ah! très-jolie, cette manière-là?... à moi, mon ancien, emplissez mon verre et chantez, j'y suis!

Roncherolle chante, et mademoiselle Zizi boit, répond bon et avale son verre tout d'un trait.

— Vous avez été un peu vite, dit le professeur, mais c'est égal, vous irez...

— A mon tour! s'écrie le jeune Alfred en prenant son verre d'une main qui n'est plus très-assurée. Chantez, vous allez voir... je suis sûr d'y réussir dans cette manière-là... je vous attends solide au poste.

Mademoiselle Zizi entonne la chanson. Au premier *bon! bon!* Saint-Arthur renverse de son vin à terre; aux seconds, il se fourre son verre sous le nez; enfin aux derniers il avale de travers et s'étrangle; on est obligé de lui taper dans le dos et de lui faire regarder le plafond pour le faire revenir.

— Bon ami, je crois que tu en as assez fait pour aujourd'hui, dit Zizi; tu n'es pas adroit ce soir, je ne veux pas que tu apprennes d'autres manières. Ah! mon Dieu, voilà neuf heures... il faut que j'aille m'habiller, un costume très-long à mettre... Tiens, je suis un peu étourdie... mais bah!... ça se passera en scène... Adieu, monsieur, j'espère me retrouver avec vous...

— Est-ce que vous allez partir seule ?...

— Je n'ai que le boulevard à traverser. Alfred, tu viendras me chercher à ma loge, à onze heures et demie... pas avant, je vous le défends...

— Oui, cher ange... N'est-ce pas, voisin, qu'elle est ravissante... avec ce petit air démon !

— Et il voudrait qu'on n'aimât que lui, cet imbécile, dit Zizi en se penchant contre l'oreille de Roncherolle. Concevez-vous cette fatuité !...

— Le fait est que ce serait dommage !...

Mademoiselle Zizi a disparu. Alfred paie le garçon et fait son possible pour se tenir ferme sur ses jambes.

Roncherolle lui prend le bras pour l'aider à descendre, et, avant de le quitter sur le boulevard, lui dit:

— Faites-moi donc le plaisir de me donner l'adresse de cette dame que vous avez reconduite... la baronne de Grangeville.

— Ah! la baronne de... vous voulez savoir son adresse... scélérat... monstre! vous avez des desseins criminels.

— Peut-être... mais son adresse...

— Attendez... je la sais parfaitement... Eh bien... où

est-ce donc? Ah !... rue... de chose... vous ne connaissez que ça!

— Si vous me disiez le nom, cela m'apprendrait mieux.

— Rue... parbleu! rue Fontaine-Saint-Georges... numéros 21, ou 24... c'est dans les vingt.

— Infiniment obligé...

— Au revoir, cher ami; je vais aller faire une partie de billard au café Turc... je me sens disposé à faire quinze carambolages de suite.

— Bien du plaisir alors.

Et Roncherolle s'éloigne en disant:

— Je sais son adresse, enfin! demain j'irai moi-même lui porter un bouquet.

XXXI

Les effets du temps.

Mais nos projets sont tracés sur le sable !... et puis, quoique ce soit triste à constater, le champagne n'est vraiment pas bon pour la goutte.

Le lendemain de ce dîner, pendant lequel Roncherolle avait enseigné de si jolies choses, au lieu d'aller, comme il l'espérait, faire une visite à la baronne de Grangeville, il est obligé de garder le lit ; la goutte est revenue plus opiniâtre, plus douloureuse que jamais ; le pauvre malade se dépite, se lamente, jure comme un damné, parce qu'il lui semble que cela le soulage et finit par se dire :

— Je ne donnerai plus de leçons pour boire le champagne.

Au bout de trois jours, tout ce que Roncherolle peut faire, c'est de s'étendre dans la chaise longue et de mettre son pied malade sur des coussins ; puis, comme il n'espère pas sortir de quelque temps, il envoie le jeune homme de l'hôtel, Beauvinet, lui chercher son commissionnaire habituel, et bientôt Chicotin se présente devant lui.

— Ecoute, mon garçon, dit Roncherolle... j'ai été plus adroit que toi, moi ; j'ai découvert l'adresse de madame de Grangeville...

— Ah ! bah !... comment que vous avez donc fait ? vous ne pouvez guère trotter pourtant !

— Je marchais il y a quelques jours... et sans un maudit dîner... Ah ! ma foi, après tout je ne veux pas le maudire, car je m'y suis beaucoup amusé... et puis enfin si je souffre, au moins c'est pour quelque chose... revenons à cette dame : la baronne de Grangeville demeure rue Fontaine-Saint-Georges, n° 21... ou 23, on n'est pas bien sûr du numéro, mais c'est dans les vingt...

— Oh ! c'est assez, bourgeois, ça me suffit ; d'ailleurs au besoin je ferai toutes les maisons de la rue.

— C'est bien... maintenant prend ces cent sous : tu vas aller acheter un bouquet que tu paieras trois francs... pas moins, tu entends, ne me triche pas !...

— Oh ! bourgeois ! soyez tranquille, c'est sacré ça ; la marchande n'en voudrait que quarante sous que je lui donnerais trois francs !

— Mais il faut mieux que la marchande en veuille trois francs, il sera plus beau.

— C'est juste ; ne vous inquiétez pas, le bouquet sera soigné.

— Quand tu l'auras, tu iras le porter de ma part à madame de Grangeville, tu lui diras que M. de Roncherolle lui présente ses hommages, et qu'il ira la voir lui-même aussitôt qu'il pourra sortir...

— Oui, je dirai, quand vous n'aurez plus votre goutte...

— Non, ne parle pas de ma goutte, c'est inutile. Dis seulement que je suis indisposé... tu as bien entendu?

— Oui, bourgeois! soyez tranquille... tout ça ira comme sur des roulettes ; et je reviendrai vous dire ce que cette dame aura répondu?

— Naturellement.

— Je file... Ah! dites donc, bourgeois, vous ne savez pas... vous allez sans doute recevoir la visite d'un de vos amis... ça se trouve bien, vous êtes malade, ça vous distraira...

— Qu'est-ce que tu veux dire?...

— Je veux dire qu'hier, pas plus tard que ça, j'ai revu mon ancien camarade Georget... un gentil garçon qui a tout plein de chagrin parce qu'il est amoureux... Ah! mais ça... c'est une autre histoire... ce serait trop long à vous conter.

— Je t'en dispense, arrive au fait.

— Eh bien, en jasant, j'ai prononcé votre nom... il s'est trouvé que son bourgeois de Nogent vous connait et voulait vous voir... il ne savait pas votre adresse, je l'ai donnée à Georget...

— Comment s'appelle-t-il, ce monsieur de Nogent?

— Il s'appelle M. Malberg.

— Je ne connais personne de ce nom!... ton camarade s'est trompé il aura pris un nom pour autre. Mais occupe-toi de ta commission pour madame de Grangeville... et un joli bouquet surtout!...

— Je crois ben! s'il n'était pas beau pour trois francs... ce serait drôle!...

Chicotin est parti. Roncherolle allonge sa jambe, fait la grimace et lâche un gros juron parce qu'il souffre, puis laisse aller sa tête sur le dossier de son fauteuil et essaie de dormir.

Cinq minutes s'écoulent ; la porte du carré s'ouvre de nouveau : un monsieur paraît sur le seuil ; c'est le comte de Brévanne qui jette une coup d'œil dans la chambre en disant :

— Monsieur de Roncherolle, s'il vous plaît?

Ne recevant aucune réponse, le comte se décide à

entrer ; il aperçoit un monsieur assoupi, dont la barbe n'a pas été faite depuis plusieurs jours, qui a la tête couverte d'un large bonnet fourré qui tombe presque sur ses yeux, et est enveloppé dans une vieille robe de chambre dont il n'est plus facile de distinguer la couleur ; il secoue la tête en disant :

— Ce garçon m'aura mal indiqué la porte... ce ne peut pas être ici... Roncherolle ne logerait pas dans une chambre aussi mal meublée... d'ailleurs ce vieux monsieur malade qui est là doit être chez lui... voyons ailleurs...

Brévanne va s'éloigner, lorsque Roncherolle ouvre les yeux, et apercevant un étranger dans sa chambre, s'écrie :

— Qu'y a-t-il ?... que me veut-on ?... que demandez-vous, monsieur ?

Aux accents de cette voix, qui n'est pas changée comme la personne à qui elle appartient, le comte s'arrête, frémit, et répond d'une voix forte :

— Je demande M. de Roncherolle !

— Eh bien ! c'est moi !... de Roncherolle ! Que me voulez-vous ?

Le comte s'est avancé ; il considère celui qui est devant lui, et dans cet homme pâle, malade, dont les traits sont amaigris, dénotent de longues souffrances, qui semble avoir au moins soixante ans, et dont le costume est loin d'annoncer l'aisance, il se demande encore si c'est bien là ce Roncherolle si élégant, si superbe, que l'on citait parmi les hommes à la mode, et que toutes les femmes admiraient.

Quant à Roncherolle, depuis quelques instants il regarde attentivement la personne qui est devant lui ; et plus il la regarde, plus l'expression de ses traits trahit l'émotion qu'il éprouve ; enfin lorsque le comte s'écrie :

— Il est donc vrai... vous êtes de Roncherolle ?... il lui répond aussitôt :

— Sans doute, et toi tu es de Brévanne !...

Le comte fait quelques pas en arrière en s'écriant :

— Vous osez encore me tutoyer, monsieur !

— Ah ! pardon, c'est vrai !... je ne dois pas te... je ne dois pas vous tutoyer... je n'y pensais plus... c'est l'an-

cienne habitude... mais désormais j'y ferai attention...
asseyez-vous donc, monsieur le comte ; ah ! je vous ai vite
reconnu, vous, car sauf les cheveux qui grisonnent, vous
êtes peu changé... tandis que moi... c'est bien différent...
vous ne pouviez pas croire que c'était moi... ah !... j'ai
vieilli vite... j'ai dégringolé tout d'un coup... ajoutez à
cela les ennuis... le changement de situation... des gens
qui vous tournent le dos parce que vous ne pouvez plus
les obliger... d'autres parce que vous les avez obligés
jadis... comme Beaumont... de Marcey... de Juvigny !...
mais je bavarde et vous êtes debout... asseyez-vous donc,
je vous en prie, et veuillez me dire le sujet qui vous
amène.

— Vous me demandez ce qui m'amène, monsieur !... répond de Brévanne en restant debout devant Roncherolle.
Vous me le demandez !... comment, vous ne le devinez
pas ?

— Ma foi non !

— En revoyant l'homme que vous avez indignement
outragé, et à qui vous avez échappé pendant si longtemps,
vous ne devinez pas qu'il vient vous demander la satisfaction que vous lui avez refusée autrefois...

— Ah bah ! comment c'est pour cela !... quoi... après
si longtemps... au bout de vingt ans vous pensez encore à
cette affaire ?...

— Pour ce qui tient à l'honneur, il n'y a point de pres-
cription...

— Ah ! c'est différent... vous y mettez de l'entêtement !...
c'est fâcheux... cependant, n'ai-je point reconnu mes
torts... ne vous en ai-je pas demandé jadis le pardon ?...
Voyons, Brévanne... voyons... est-ce que le ciel ne dit
pas : A tous péchés miséricorde !... nous étions si bons
amis autrefois...

— Taisez-vous, n'invoquez pas le souvenir de cette
amitié... qui rend votre conduite encore plus odieuse.
Mais cessons des discours inutiles : depuis vingt ans je
vous cherche pour me battre avec vous, aujourd'hui je
vous trouve, j'espère que vous ne refuserez plus de me
rendre raison.

— Puisque vous y tenez tant !... mon Dieu ! et on croit qu'en vieillissant les hommes deviennent raisonnables... c'est-à-dire qu'ils ne le sont jamais... L'honneur ! l'honneur ! ah ! que Beaumarchais a bien raison... Tout cela est stupide, ma parole !...

— Eh bien ! monsieur ?

— Eh bien, je ferai ce que vous voudrez... arrangez cela pour... pour... Aye !... aye !... ah !... mille millions de tonnerres... que je souffre... que je souffre !...

Une crise violente vient de prendre au malade, il pâlit, sa voix s'éteint, de grosses gouttes de sueur tombent de son visage, la contraction de ses traits annonce la violence du mal qu'il ressent, et le comte, témoin des angoisses de Roncherolle, éprouve lui-même une vive émotion ; il regarde de tous côtés dans la chambre et cherche quelque chose pour secourir le malade. Il aperçoit sur la cheminée un flacon contenant une potion ; il le prend et vient l'offrir à Roncherolle.

— Tenez, c'est peut-être de ceci que vous prenez quand vous avez des crises semblables... buvez...

— Non, répond Roncherolle en repoussant ce qu'on lui présente. Laissez-moi souffrir... je l'ai bien mérité... vous voyez où j'en suis réduit... si vous me tuez... au lieu de me punir... c'est un service que vous me rendrez...

— Monsieur, dit le comte, ce duel ne peut avoir lieu dans l'état où vous êtes, je le vois maintenant ; je dois attendre que vous soyez guéri, afin d'avoir un adversaire digne de moi... je vous quitte, et dans quinze jours je viendrai m'informer de l'état de votre santé.

— Ah ! comme vous voudrez. Vous partez ?...

Et par un mouvement involontaire, Roncherolle tend sa main au comte, mais celui-ci se contente de faire un léger salut en disant :

— Je vais vous envoyer du monde, monsieur, afin que l'on puisse vous soulager. Puis il s'éloigne, encore tout bouleversé par ce qu'il vient de voir, en se disant à lui-même : Quel changement, mon Dieu !... il n'est plus reconnaissable... ah ! c'est encore pis qu'elle !

— S'il attend que je n'aie plus la goutte pour se battre,

avec moi, se dit Roncherolle, je crois que notre duel est reculé indéfiniment... quel diable d'homme... Ah! ma crise s'apaise... c'est heureux!... Ce pauvre Brévanne... il n'est presque pas changé, lui!... et j'éprouvais au fond du cœur un secret plaisir à le revoir... nous étions si bons amis!... et j'aurais été si heureux de le retrouver aujourd'hui! il ne m'aurait pas repoussé comme tous ceux que j'ai obligés jadis, qui maintenant me tournent le dos, parce que je leur ai prêté de l'argent et qu'ils ne veulent pas me le rendre... Mais ce qui est fait... est fait... Oh! les femmes! ce sont elles qui sont cause de toutes les sottises que nous commettons.

Beauvinet entr'ouvre la porte du carré et passe sa tête, en disant :

— Le monsieur qui vient de sortir a dit que monsieur avait une crise et qu'il lui fallait des soins... alors je viens...

— Fichez-moi le camp, et laissez-moi tranquille, répond Roncherolle en frappant avec colère de sa canne sur le parquet.

Le jeune homme de l'hôtel ne se fait pas répéter cette invitation; il disparaît comme une ombre chinoise et referme la porte assez bruyamment.

— Mais il reviendra dans quinze jours, se dit le malade au bout d'un moment. Il est homme de parole, il ne manquera pas de revenir... et si, comme il faut l'espérer, je suis en état de marcher, il voudra que nous allions sur le terrain... Me battre avec lui!... allons donc!... s'il y met de l'entêtement, j'en mettrai aussi, moi!... Qui vient encore me déranger... mille diables!...

— Eh bien, c'est moi, dit Chicotin en entrant dans la chambre j'ai fait votre commission, bourgeois, et joliment je m'en flatte ; d'abord j'ai acheté un bouquet superbe... Oh! mais du grand numéro : il valait plutôt quatre francs que trois... je ne l'ai pas acheté à mam'selle Violette, exprès pour la faire bisquer... je ne veux plus rien lui acheter!... Ah! mais ça vous est égal ça... Je suis allé rue Fontaine Saint-Georges... j'ai trouvé madame la baronne de Grangeville... pas dans les numéros vingt, c'est au dix-neuf, ça ne fait rien. On m'a fait entrer... cette dame était assise... dans une grande machine... Bref, quand je lui eus dit : Madame, c'est M. de Roncherolle qui vous envoie ce bouquet en vous présentant tout plein de choses... si vous aviez vu comme cette dame a fait un bond sur son... son... divan... ni plus ni moins qu'une carpe dans la poêle... puis elle s'est écriée : — M. de Roncherolle!... comment, il est à Paris!... ah! dites-lui qu'il vienne me voir bien vite, le plus tôt possible... je l'attends avec impatience! J'ai répondu : Madame, certainement à coup sûr... comme c'est aussi son intention, il viendra dès qu'il pourra se tenir sur ses quilles... Ah! non, j'ai pas dit quilles ; j'ai dit ses jambes... et là-dessus j'ai salué, et je suis parti, et on ne m'a rien donné.

— Eh bien, garde le reste de la pièce...

— Ah! merci, bourgeois... merci... et votre ami de Nogent est-il venu vous voir?

— Oui, oui, il est venu, mon ami!... sais-tu bien, Chicotin que tu es un misérable bavard, que je devrais te tirer les oreilles pour avoir donné mon adresse sans savoir si cela me convenait...

— Ah! mon Dieu... est-ce que j'ai fait une bêtise... est-ce que votre ami... n'est plus votre ami?...

— Oui, tu as fait une sottise, mais j'espère que tu ne recommenceras pas ; en attendant tu es cause que je vais quitter cet hôtel... que, du reste, je regretterai peu...

— Vous allez déménager?

— Oui, dans quelques jours, dès que je pourrai marcher... Mais je ne veux pas me remettre dans un hôtel garni, il m'y retrouverait, lui... il les visiterait tous... je veux louer une chambre... dans une maison tranquille... je la meublerai... Oh! ce sera vite fait! un lit, une table, deux chaises, une commode, c'est tout ce qu'il me faut... Écoute, Chicotin, pendant que je suis hors d'état de sortir, tu vas me chercher cela, toi, afin que je n'aie plus qu'à emménager dès que je serai guéri. Tu entends? un tout petit logement... le plus propre possible... une chambre et un cabinet, cela me suffira...

— Bien, bourgeois, c'est entendu, je vas vous chercher ça... dans quel quartier ?

— Ça m'est égal.

— Oh ! alors je trouverai plus facilement. Combien
que vous voulez y mettre à votre logement ?

— Hum !... le moins cher possible... les fonds baissent
tous les jours, mon garçon !...

— Vous voulez bien mettre jusqu'à... quatre-vingts
francs ?

— Par terme ?...

— Oh ! par exemple !... non pas... c'est par an que je
veux dire...

— C'est un grenier... un chenil que tu m'auras à ce
prix-là... Tu peux aller jusqu'à deux cents francs... deux
cent cinquante...

— Alors, bourgeois, je vous aurai quelque chose de
soigné... un petit palais... je veux que vous soyez mieux
qu'ici...

— Tu n'auras pas de peine ; tâche de ne pas me faire
monter trop haut...

— Pardi ! pour deux cent cinquante francs on doit avoir
un logement superbe, au premier étage...

— Je ne crois pas !... enfin, occupe-toi de cela sur-le-
champ.

Trois jours après cette conversation, Chicotin entrait
d'un air triomphant chez Roncherolle, qui commençait à
aller mieux et se promenait dans sa chambre.

— Bourgeois, me v'là, j'ai trouvé votre affaire... Je
crois que vous serez content... cependant les logements
sont plus chers que je ne croyais... impossible de vous
trouver un appartement au premier pour deux cent cinquante francs...

— Enfin, qu'as-tu trouvé ?

— J'ai déniché deux petites chambres bien propres,
deux cents francs, pas plus... papier frais... c'est pas en
couleur... mais on peut en mettre... et une vue... oh ! une
vue... comme si vous étiez sur l'Arc de triomphe... et
puis les lieux d'aisances juste en face de votre porte...

c'est ça qui est agréable!... et un escalier ciré... pas jusqu'en haut, mais jusqu'au troisième.

— Et à quel étage est ce logement?

— Ah dame! bourgeois, c'est au cinquième.

— Saprebleu!... je ne m'étonne pas qu'on ait de la
vue... c'est comme ça que tu me loges bas?

— Il n'y en a pas, bourgeois... mais, du reste, un escalier doux comme un mouton... ça se monte tout seul, et
une portière qui offre de faire le ménage de tous les locataires... à des prix très-modérés... et même leur café au
lait...

— En effet, voilà bien des agréments! et où est situé
ce bijou de logement?

— Pas très-loin d'ici, monsieur, rue de Crussol... c'est
près du boulevard... près de ce beau théâtre tout rond
pour les chevaux... qu'on vient de bâtir...

— Je ne connais pas la rue de Crussol.

— Si M. le bourgeois est en état de marcher, je vais l'y
conduire.

— Va me chercher une voiture, et tu me mèneras à ce
logement.

— Tout de suite, bourgeois.

Chicotin va chercher un fiacre et monte derrière, lorsque
Roncherolle se place dedans. On arrête rue de Crussol
devant la maison que Chicotin indique; une vieille por-
tière très-sale, mais très-polie, fait force révérences à
Roncherolle et s'empresse de monter devant, tandis que
Chicotin dit au vieux monsieur:

— Si vous ne voulez pas monter, bourgeois, parce que
ça vous fatigue... je vais vous porter sur mon dos... je suis
fort, oh! je ne vous laisserai pas tomber... je vous porte-
rais même comme ça dans les rues, si vous le vouliez.

— Merci, mon garçon, ce nouveau genre de locomotion
ne me séduit pas... et je doute que j'en fasse venir la
mode... D'ailleurs, on dit qu'il faut promener sa goutte
et lui faire prendre de l'exercice. Je monterai donc sur
mes pieds.

— S'il faut que vous fassiez de l'exercice, vous voyez
alors qu'il vaut mieux que vous logiez au cinquième.

Roncherolle voit le logement, pousse malgré lui un soupir, puis se dit : — Après tout! pour deux cents francs que peut-on avoir?... c'est tout ce que je puis y mettre... et encore !...

Il donne le denier à Dieu à la portière en lui annonçant qu'il compte sur elle pour faire son ménage et son café, la vieille femme redouble de révérences et de politesse, en s'écriant :

— J'espère que monsieur se plaira dans notre maison... je serai toujours à ses ordres; dès qu'il aura besoin de quelque chose, il n'aura qu'à mettre sa tête à la fenêtre de la cour et appeler la mère Lamort... je monterai en deux temps...

— Comment avez-vous dit qu'il faudrait appeler, madame ?

— La mère Lamort.

— Ah! vous vous nommez Lamort?

— Pour vous servir, monsieur...

— Vous êtes bien bonne : vous avez là, je ne dirai pas un drôle de nom, mais un nom au moins singulier... un nom presque effrayant!

— Mon Dieu, monsieur, ça ne m'empêche pas de me porter comme un charme... et d'avoir eu douze enfants, qui tous se portent comme vous et moi!

— J'aime mieux pour eux qu'ils se portent comme vous.

— Et monsieur verra que mon nom ne m'empêche pas d'avoir bon pied, bon œil!... et il sera content de mon service.

— Je n'en doute pas; à bientôt donc, madame Lamort.

Roncherolle remonte dans son fiacre; Chicotin regrimpe derrière, en disant au cocher :

— Je suis de la suite de monsieur... de sa suite, j'en suis !...

Deux jours après, Roncherolle ayant acheté bien juste le strict nécessaire pour meubler son nouveau logement, paye ce qu'il doit à son hôtel en annonçant que l'on peut disposer de sa chambre.

— Ah! monsieur nous quitte! dit Beauvinet en tirant

un côté de sa perruque. Et si on vient demander monsieur, quelle adresse donnerai-je ?

— Vous enverrez dans le passage je ne sais où, la première porte à droite en arrivant par la barrière de l'Étoile.

Roncherolle est parti depuis longtemps et le jeune homme de l'hôtel tiraille encore sa perruque, en se disant :

— Le passage *je ne sais où !*... c'est drôle... je connais tous les passages de Paris... excepté celui-là.

XXXII

Un bouquet de violettes.

Depuis que le comte de Brévanne avait parlé à Violette, depuis que celle-ci avait aperçu Georget la regarder de loin, puis s'éloigner vivement en lui jetant un regard de mépris, la jeune bouquetière se sentait chaque jour plus triste, plus découragée. Tant que Georget avait été près d'elle, tant qu'elle avait pu le voir matin et soir et lire dans ses yeux l'amour qu'il éprouvait pour elle, la jeune fille n'avait regardé cet amour que comme un enfantillage et ne voulait pas convenir avec elle-même qu'elle partageait ce sentiment qu'elle inspirait déjà si bien.

Mais maintenant que son jeune amoureux a quitté Paris pour ne plus se trouver près d'elle, maintenant qu'il a fui, qu'il ne lui témoigne plus, lorsqu'il la rencontre, que du

la haine ou du mépris, la pauvre Violette sent combien
elle aimait Georget, et ce qui est plus cruel, combien elle
l'aime encore malgré le chagrin qu'il lui cause.

En apprenant que ce monsieur qui la questionnait sur
Georget était le protecteur du jeune commissionnaire, la
jolie bouquetière a éprouvé un vif sentiment de joie, l'espérance était rentrée dans son âme ; elle se flattait que par
l'entremise de M. Malberg elle pourrait faire comprendre
à son amoureux qu'il avait eu tort de la soupçonner. Mais
la manière brusque avec laquelle le comte l'a quittée a
bien vite dissipé cet espoir.

Cependant, comme l'espérance ne quitte pas vite un
jeune cœur, et surtout celui d'une femme qui sait qu'elle
est jolie, pendant plusieurs jours Violette se flatte que
Georget reviendra à Paris, qu'il passera devant elle et
qu'il n'aura pas le courage de ne point s'arrêter ; puis elle
se dit encore que ce M. Malberg, qui lui a fait tant de
questions sur son âge, sur sa mère, voudra probablement
la revoir. Mais les jours s'écoulent et personne ne revient
près d'elle, ni Georget, ni son protecteur. Un seul
homme passe encore assez souvent devant la bouquetière,
sur laquelle il lance des regards insultants, des regards
qui semblent jouir du chagrin qu'on lit sur son visage ;
celui-là est l'auteur de toutes les peines de la jeune fille,
et une fois encore il a osé s'approcher d'elle et essayé de
lui parler d'amour, mais alors Violette s'est levée si
colère, si menaçante, les regards qu'elle a jetés sur Jéricourt annonçaient une résolution si décidée, et sa main
droite avait saisi si promptement plusieurs branches
d'épines qui étaient près d'elle, que ce monsieur s'était
éloigné très-vivement, et depuis ce jour n'avait plus tenté
de renouer une conversation avec la bouquetière.

Il était dix heures du matin, Chicotin sortait de chez
Roncherolle, qui habitait son nouveau logement de la rue
de Crussol, et, ne se sentant pas le pied gauche assez
solide pour descendre ses cinq étages, venait de nouveau
de charger son messager habituel d'aller porter un bouquet chez madame de Grangeville en s'informant de sa
santé. Seulement, comme chaque jour le malheureux

goutteux voyait diminuer ses ressources, au lieu d'un bouquet de trois francs il avait dit à Chicotin :

— Tu achèteras un bouquet de vingt sous.

Le ci-devant séducteur était toujours galant ; mais la fortune ne lui permettait plus de l'être comme autrefois.

Chicotin se promenait sur le boulevard du Château-d'Eau, avec sa pièce de vingt sous dans la main, et comme ce n'était pas jour de marché aux fleurs, il y avait fort peu de marchandes, et chez les rares bouquetières qui étalaient, on trouvait fort peu de violettes qui, sans doute, étaient rares aussi dans ce moment-là.

La jolie bouquetière qui portait ce nom était seule pourvue de cette fleur ; elle en avait de gros et de beaux bouquets.

— Sapristi ! se dit Chicotin en tournant et retournant quelques mesquins petits bouquets de deux sous que lui offre une bouquetière, c'est pas ça que je veux... c'est pas ça que je peux aller offrir à cette dame de la rue Fontaine-Saint-Georges !... Pour vingt sous, quand on n'achète que d'une seule fleur, on doit en avoir un fameux paquet.

— Tu crois ça, fiston ! tu ne sais donc pas que la violette est hors de prix dans ce moment... tiens, je vais te nouer ensemble ces quatre petits paquets qui me restent, ça te fera un très-joli bouquet.

— Du tout ! merci, je n'en veux pas... ils sont tous fanés vos petits bouquets, ils ont l'air d'avoir servi.

— Est-il bête, c't'animal-là...

Chicotin s'éloigne de la marchande, en se disant : J'ai beau regarder... il n'y a qu'une seule bouquetière qui ait vraiment de beaux paquets de ce que je cherche... c'est Violette... mais je me suis promis de ne plus rien lui acheter... de ne plus lui parler depuis que je sais qu'elle a trompé ce pauvre Georget... cependant, il faut bien que je fasse ma commission... je ne sais pas si je trouverai de la violette ailleurs... Après tout... on achète à une marchande... on la paye... c'est fini par là... on n'est pas de ses amis pour ça... et puis, elle ne vend pas si cher que les autres, elle ; et allons, en avant !

Chicotin s'approche donc de la boutique de la jeune fille et il examine ses bouquets.

— Ah ! c'est vous, Chicotin ! s'écrie Violette en reconnaissant l'ami de Georget. Il y a bien longtemps que l'on ne vous a vu aussi, vous; c'est singulier, toutes mes anciennes connaissances s'en vont... je ne sais où... est-ce que vous avez fait comme votre ami Georget, est-ce que vous ne vous mettez plus sur ce boulevard ?

— Combien que vous vendez ce paquet-là, mam'selle ?

— Dites donc, Chicotin, le voyez-vous quelquefois, votre ami Georget?... car enfin, il doit venir à Paris de temps en temps.

— Ce gros paquet de violettes-là, mam'selle, je vous demande combien vous le vendez...

— Et moi je vous demande si vous voyez Georget quelquefois... Il me semble que vous pouvez bien me répondre aussi...

— Mam'selle, je suis venu à vous pour acheter de la violette, et pas pour autre chose... C'est à vous que j'en marchande, parce qu'il n'y a que vous qui en ayez de la belle ; sans ça !...

— Sans ça... eh bien ! quoi ?... voyons, achevez ce que vous vouliez dire...

— Dame !... je veux dire que sans ça... je ne vous aurais pas parlé !

— Comment !... et vous aussi, Chicotin?... Mais c'est donc à dire maintenant qu'il faudra que je reçoive des affronts de tout le monde !... que tout le monde m'insultera !... Ah ! c'est indigne, cela... et que vous ai-je fait, à vous pour que vous me disiez cela?

— A moi... à moi... vous ne m'avez rien fait, à moi personnellement, mais vous avez fait... à un autre... que j'aime bien... à un autre, qui est mon ami... vous l'avez rendu malheureux, lui... et le mal qu'on fait à mes amis, j'en prends toujours ma part...

— Ah ! Georget vous a dit à vous aussi...

— Oui, mam'selle... il m'a dit... Mon Dieu ! vous savez bien ce qu'il a pu me dire... qu'il ne pouvait plus vous

aimer... parce que... vous... Enfin suffit... Combien ce gros
bouquet, mam'selle ?...

— Et vous avez cru tout cela aussi, vous êtes persuadé
que je suis une fille sans honneur... sans pudeur...

— Mam'selle, je vous certifie que je ne l'ai pas cru tout
de suite, par exemple... et que même je ne voulais pas le
croire... enfin... quand on a la certitude... tenez, figurez-
vous que moi et Georget nous avons suivi toute une journée ce beau M. Jéricourt pour le faire parler... je l'ai supplié, moi, de me dire la vérité à votre sujet.

— M. Jéricourt... eh bien?

— Eh bien !... il m'a appelé jobard... il a dit que quand
une jeune fille allait chez lui... alors... Combien ce bouquet, s'il vous plait?

— Ah ! le lâche, l'infâme... mais il a menti, Chicotin ; je
vous jure qu'il a menti !...

— Oh ! dame, mam'selle, on sait bien que les femmes ne
conviennent jamais de ces choses-là !... Ah! si on ne vous
avait pas vue... mais comme on vous a vue... c'est pas ce
que vous direz qui fera croire... Allons, v'là que vous
pleurez, à présent... j'en suis fâché... je n'aime pas à
faire pleurer personne... ce n'est pas ma faute... je ne
vous avais pas dit un mot de tout cela... c'est vous qui
avez voulu... ça me taquine de vous voir pleurer... je
m'en vais... puisque vous ne voulez pas me dire combien
ce gros paquet de violettes...

— Ce que vous voudrez... balbutie la jeune fille en
tenant son mouchoir sur ses yeux.

— Mon Dieu, mam'selle, c'est que je ne peux le payer
que vingt sous...

— C'est bien... c'est assez... prenez-le...

— Oui, mam'selle... je le prends... voilà les vingt
sous... Adieu, mam'selle...

Chicotin a pris le bouquet et s'éloigne bien vite avec,
parce qu'il sent que s'il restait davantage devant la bouquetière, il serait capable de se mettre à pleurer avec
elle.

Violette essuie ses yeux, elle tâche de renfermer ses
larmes, mais ce nouveau coup a trop vivement blessé son

cœur, elle se sent trop malheureuse et veut absolument
sortir de cette situation ; pendant toute la journée, elle
cherche à qui elle pourrait s'adresser pour avoir quelques
bons conseils, elle sent qu'il lui faudrait un ami, un protecteur pour la défendre, pour l'aider à se justifier ; mais
en vain la pauvre petite porte les yeux autour d'elle ;
privée de parents, elle est aussi sans ami depuis que
Georget la croit coupable. Enfin une idée, un dernier espoir s'offre à la jeune fille ; malgré la précipitation avec
laquelle M. Malberg l'a quittée, il lui a semblé que ce
monsieur éprouvait pour elle de l'intérêt ; les questions
qu'il lui a adressées, l'attention extrême avec laquelle il
la regardait, tout lui fait supposer que quelque chose lui
parlait en sa faveur ; d'ailleurs, tout le bien qu'on lui a dit
de cet homme singulier, les bienfaits dont il comble Georget et sa mère achèvent de la fortifier dans sa résolution.
C'est à Nogent qu'elle veut se rendre, c'est au protecteur
de Georget qu'elle ira aussi demander aide et protection,
et elle se flatte qu'il ne la repoussera pas. Un peu calmée
par cette espérance, Violette s'endort moins malheureuse,
en se disant :

— Demain matin je partirai pour Nogent.

XXXIII

Déception. — Certitude.

Le quinzième jour après la visite qu'il avait faite à M. de Roncherolle, le comte de Brévanne n'avait pas manqué de retourner au petit hôtel garni de la rue de Bretagne. Au moment où il se disposait à monter l'escalier, Beauvinet l'arrête en lui disant :

— Chez qui va monsieur ?

— Chez M. de Roncherolle, je sais que c'est au troisième...

— Oui, c'était au troisième ; mais comme ce locataire est parti, ce n'est pas la peine que monsieur monte.

— Il est parti... il est sorti, vous voulez dire ?

— Non, monsieur, non ; il est bien parti, il a quitté notre hôtel.

— Il a quitté cet hôtel... et depuis quand ?

— Il y a dix jours aujourd'hui.

— Et où loge-t-il maintenant ?... il a dû vous laisser son adresse ?

— Son adresse... dame... oui, monsieur... il reste passage je ne sais où, la première porte à droite on arrivant par la barrière de l'Étoile...

Le comte, qui était déjà de fort mauvaise humeur, allonge un grand coup de pied dans le derrière du jeune homme de l'hôtel, et sort très-courroucé, en disant à Beauvinet :

— Voilà pour vous apprendre à me répondre de pareilles sottises !

Parti !... parti !... il m'échappe encore ! se dit M. de Brévanne en s'éloignant. Il a juré qu'il ne se battrait pas avec moi !... Parti... mais il ne pouvait pas se tenir sur ses jambes... Il s'est donc fait emporter... il est impossible qu'il ait quitté Paris... on ne voyage pas quand on est impotent... et surtout quand on n'a plus d'argent... D'après ce que j'ai vu, sa position n'est pas brillante... Le ferai-je de nouveau chercher dans Paris ?... Non, j'attendrai que le hasard me le fasse encore retrouver... Ah ! je suis fâché pourtant de ne pas l'avoir revu... j'aurais tâché de savoir... mais non, je n'aurais pas pu lui demander cela !...

M. de Brévanne va s'en retourner à sa campagne, soucieux, rêveur et mécontent de lui, lorsque tout à coup il se rappelle M. de Merval qui lui a donné son adresse à Paris ; il monte dans un cabriolet et se fait conduire chez lui.

— Voilà une aimable surprise, dit M. de Merval au comte. Je n'espérais pas vous voir ici avant la mauvaise saison, car l'automne arrive et l'on jouit des derniers beaux jours.

— Mon cher monsieur, ne me sachez pas trop de gré de ma visite... un motif puissant m'amenait aujourd'hui à Paris...

— Mais, en effet, je n'avais pas remarqué... Vous semblez avoir éprouvé quelque vive contrariété ; puis-je vous être bon à quelque chose ?

— Avez-vous le temps de m'entendre ?

— Toujours.

Le comte apprend à M. de Merval qu'il a retrouvé Roncherolle, la visite qu'il lui a faite, et enfin la démarche inutile qui a été la suite de sa première visite.

— Vous le voyez, dit M. de Brévanne en achevant son récit, il m'échappe encore... il me refuse cette satisfaction que j'ai droit d'attendre de lui... il s'enfuit sans laisser son adresse... il ne veut pas que je le retrouve !... Que pensez-vous de cette conduite ?

M. de Merval secoue la tête et répond au bout d'un moment :

— C'est mon opinion que vous me demandez ?

— Sans doute.

— Eh bien ! si vous voulez que je vous dise ma pensée... je trouve que Roncherolle a bien fait.

— Bien fait ! de se refuser à donner satisfaction à l'homme qu'il a outragé !... bien fait de se sauver,.. de se conduire comme un lâche !... Ah ! monsieur de Merval, je ne vous comprends pas !...

— Veuillez m'écouter avec calme. D'abord Roncherolle n'est point un lâche, nous le savons tous : s'il fuit devant vous, ce n'est pas la mort qu'il redoute !... Eh ! mon Dieu, il vous l'a dit lui-même !... Ruiné... souffrant les trois quarts du temps sur son lit, croyez-vous donc que vous le puniriez en lui ôtant la vie ?... Non... Vous le tuerez, car vous savez bien que, lui, ne dirigera jamais son arme contre vous ! vous le tuerez... vous en avez le droit, et on ne saurait vous en faire un crime... mais cette vengeance accomplie, serez-vous plus heureux ?... Oh ! non, vous le serez beaucoup moins, au contraire.. Tenez, j'aurais compris ce duel dans les premiers temps qui suivirent votre affront... quoiqu'il vous eût également laissé des remords dans l'avenir, mais après vingt années... lorsque les héros de cette histoire sont si différents de ce qu'ils étaient... lorsqu'il semble que la Providence se soit elle-même chargée de punir les coupables... vous iriez poursuivre un malheureux qui depuis vingt ans doit maudire une faute qui l'a privé d'un véritable ami qu'il n'a jamais remplacé !... Non, non... ne faites pas cela... laissez agir le temps... il est inexorable, lui... et lorsque nous pardonnons à ceux qui nous ont offensés, soyez certains que chaque jour il se charge de leur faire comprendre combien, en cédant dans la jeunesse à une passion, à un sentiment coupable, ils ont chargé leur avenir de remords et de regrets !

Le comte a écouté M. de Merval sans l'interrompre ; il semble réfléchir profondément. Après un assez long silence, il lève les yeux sur M. de Merval et le regarde fixement en lui disant :

— Mais ce n'est pas tout... vous ne m'avez pas appris tout ce que vous saviez... il y a encore quelque chose.

— Comment... que voulez-vous dire? pourquoi supposez-vous que, moi, je sache autre chose qui vous intéresse?

— C'est que maintenant je me rappelle vos questions. J'ignore comment vous avez pu découvrir un secret qui était resté caché pour moi jusqu'à ce jour... enfin, je veux dire... que de cette union criminelle... entre Roncherolle et celle qui a porté mon nom, il est né... il y a un enfant... est-ce vrai?

— Oui, cela est vrai.

— Ah! vous le saviez donc, vous?

— Le hasard... une de ces circonstances que l'on ne peut prévoir, m'avait fait découvrir ce mystère; voici comment : un an après que vous eûtes quitté votre femme, remarquez bien cette date, un an après et je suis certain de ce que je vous dis... je venais de passer quelques jours à la campagne d'un ami, situé près d'Ermenonville. Me trouvant près de ce délicieux séjour où est la tombe de Rousseau, il me prit fantaisie de m'y arrêter; dans mon enfance on m'avait mené visiter ce village, tout plein des souvenirs qu'y a laissés l'illustre auteur d'*Émile*. Mais je trouve que l'on voit avec plus de plaisir, avec plus d'intérêt à trente ans qu'à quinze tout ce qui parle à l'esprit, à l'âme et au cœur.

Je m'étais logé dans la meilleure auberge... qui était, je crois, la seule du village; je voulais passer deux jours à Ermenonville, revoir le parc, le désert, l'île, enfin tous ces lieux charmants et poétiques qu'on ne se lasse pas de visiter. Le soir même de mon arrivée, un orage terrible éclata. J'étais, je me le rappelle encore, dans la salle de l'auberge; la pluie tombait à torrents, et, quoique l'on fût au mois de septembre, il faisait froid; et c'était avec plaisir que l'on voyait un grand feu dans une immense cheminée.

Tout à coup nous entendîmes le bruit d'une voiture, qui bientôt approcha et s'arrêta devant la porte de l'auberge.

Grande surprise et grande joie de l'aubergiste et de sa
femme qui n'attendaient plus de monde si tard, et surtout
par un temps si horrible. On court à la porte... moi, je
continuais de me tenir devant le feu. Bientôt la femme de
l'aubergiste revient en me disant :

— C'est un monsieur et une dame... des gens distin-
gués, ça se voit... L'épouse est dans une position intéressante... elle a peur de l'orage et veut coucher ici ; mais,
en attendant qu'on prépare une chambre, elle va venir se
mettre devant ce bon feu... si monsieur veut le permettre...

— Comment donc ! dis-je à l'hôtesse, je vais même
m'empresser de céder à cette dame cette place, qui est la
meilleure.

— Elle parait bien avancée dans sa grossesse, reprit
l'hôtesse ; si elle pouvait accoucher ici, cette dame... ce
serait une bonne fortune pour nous, car il faudrait bien
qu'elle y restât quelque temps.

Comme l'aubergiste achevait de parler, les voyageurs
entraient dans la salle basse et une voix qui ne m'était
pas inconnue s'écria :

— Pardieu ! voilà un feu qui fait plaisir !

Je venais de me retirer au fond de la salle. Jugez de
ma surprise, en reconnaissant de Roncherolle qui donnait le bras à madame de Grangeville, laquelle était en
effet dans une position... fort intéressante. Ni l'un ni
l'autre ne m'avaient aperçu... Comprenant ce que ma
rencontre avait pour eux d'embarrassant, je me hâtai de
disparaître par une petite porte du fond ; je montai à ma
chambre, d'où je ne bougeai plus, et le lendemain, dès le
point du jour, je quittai l'auberge sans avoir revu les
autres voyageurs. Voilà, monsieur le comte, comment je
découvris un secret qui, je crois, est resté un mystère
pour tout le monde ; et si je ne vous en ai pas parlé, c'est
qu'il m'a semblé au moins inutile de vous apprendre un
fait dont la découverte ne pouvait vous être agréable, et
qui, du reste, vous est parfaitement étranger, vous entendez?... parfaitement étranger.

— Oui, je comprends très-bien... Oh! du reste, je ne

l'ai jamais soupçonné autrement. Etes-vous retourné à
Ermenonville?

— Oui, je vous avoue que j'ai eu cette curiosité ; environ trois semaines après en être parti si précipitamment
au point du jour, je me rendis de nouveau dans ce village,
je m'arrêtai à la même auberge. La maîtresse de la maison me reconnut parfaitement, et, tout en causant des
voyageurs que j'avais laissés chez elle, je lui demandai
si... l'événement qu'elle désirait était arrivé dans son auberge. — Non, monsieur, me répondit l'hôtesse ; le lendemain, dans la journée, cette dame se trouvant mieux, a
voulu repartir, et j'ai entendu que l'on ordonnait au domestique qui conduisait la voiture de prendre le chemin
de Paris. Voilà, mon cher comte, tout ce que je sais sur un
fait dont je ne vous aurai jamais parlé si aujourd'hui vous
ne m'aviez paru en être instruit.

— Et cet enfant... fruit de cette liaison criminelle...
vous n'avez jamais su ce qu'il était devenu... ce qu'ils en
ont fait?

— Non ; j'ai supposé qu'il n'avait pas vécu. Sans quoi
madame de Grangeville ne l'aurait-elle pas auprès d'elle,
soit en se disant sa marraine... ou sa mère adoptive?... Il
y a toujours mille moyens de déguiser la vérité lorsqu'on
veut garder un enfant auprès de soi !...

— Eh bien, moi, je suis plus instruit que vous... Je sais
ce qu'ils ont fait de cet enfant... et ce qu'il est devenu.

— Il serait possible !

— Ou du moins je crois bien être sur les traces de ce
mystère...

— Et si vous ne vous êtes pas trompé, que comptez-
vous faire, monsieur le comte?

— Ah ! je ne sais pas encore... tout cela est si infâme...
si odieux... Je ne puis entendre de sang-froid parler de
ces événements... Adieu, monsieur de Merval; je vous
quitte, je retourne à la campagne... J'ai besoin de respirer
l'air des champs pour retrouver un peu de calme... pour
me remettre des émotions de cette journée.

M. de Merval ne cherche point à retenir Brévanne, dont

il comprend l'état d'irritation, et celui-ci repart sur-le-champ pour Nogent.

Pongo attendait son maitre en apprenant à Carabi à faire le mort, la mère Brunoy en travaillant à l'aiguille, et Georget en allant et venant dans les différentes parties du jardin, car le pauvre garçon ne pouvait pas tenir en place. Depuis qu'il avait été à Paris et qu'il avait revu Violette triste et changée, cette image le poursuivait sans cesse; et en voyant le matin son protecteur partir pour Paris, il avait encore été vingt fois sur le point de lui demander de l'accompagner, mais il n'avait pas osé; après ce qu'il avait encore juré dernièrement, c'eût été montrer trop peu de caractère. Le jeune amoureux était donc resté à Nogent, où la journée lui avait paru éternelle; et il se tenait toujours à peu de distance de la grille afin de voir revenir le comte, qui peut-être aurait encore vu Violette et lui parlerait d'elle.

M. de Brévanne est revenu dans l'après-midi; mais son front est sombre, son air plus pensif que de coutume. Il passe sans rien dire devant ceux qui s'inclinent devant lui, et va sur-le-champ s'enfermer dans son appartement.

— Maitre pas envie de causer, dit le mulâtre à Georget. Li pas faire petit coup de tête à nous pour dire : Bonjour!... bonjour! Li pas bonne humeur.

— Oh! je l'ai bien remarqué aussi... il ne m'a pas dit un seul mot en passant... il ne l'a pas vue sans doute... il a d'autres affaires qui l'occupent. Allons, il ne me parlera pas d'elle... et il a l'air trop sévère pour que j'ose lui en parler, moi.

Et Georget retourne tristement près de sa mère.

XXXIV

Le bateau de charbon.

Chacun est retourné à sa besogne. Mais une heure s'est à peine écoulée depuis que le comte est de retour, lorsqu'une jeune fille se présente à la grille. Le jardinier se trouvait alors être seul devant l'entrée de la maison, et il alla ouvrir à Violette, car c'est elle qui vient d'arriver à Nogent, où elle est parvenue à trouver la maison qu'elle cherchait,

— Est-ce ici... la demeure de M. Malberg ? demanda la jeune fille d'un air craintif.

— Oui, mam'selle, c'est ici.

— Est-il chez lui, M. Malberg ?

— Oui, il vient justement de revenir de Paris, il y a près d'une heure.

— Et... pourrai-je... lui parler ?

— Dame, je pense bon que oui... Mais entrez donc, mam'selle... je vais aller prévenir monsieur.

Violette franchit la grille en tremblant; le jardinier, qui a fait quelques pas vers la maison, revient vers la bouquetière en lui disant :

— Qu'est-ce qu'il faut que je dise à monsieur... comment que vous vous appelez ?

— Monsieur... je m'appelle... mais ce n'est pas la peine, M. Malberg ne doit pas se souvenir de mon nom...

ou bien... il ne voudrait peut-être pas... alors... j'aimerais mieux... Mon Dieu... je ne sais pas.

— Dame ! je ne sais pas non plus, moi !

— Ayez seulement la complaisance de dire à M. Malberg que c'est une jeune fille qui arrive de Paris et qui
désire lui parler.

— Ça suffit.

Le jardinier est éloigné ; Violette porte autour d'elle
des regards craintifs, et pourtant sous ces belles allées
qu'elle admire, dans ces prairies qu'elle découvre, elle
voudrait bien apercevoir Georget, puis elle se dit en soupirant :

— Non... il vaut mieux qu'il ne me voie pas ! car il
croirait que je viens le chercher jusqu'ici, et il serait capable de fuir aussi de cette maison.

— Si mam'selle veut venir, monsieur est prêt à la recevoir, dit le jardinier en revenant.

Violette est vivement émue, et elle suit son conducteur
vers la maison.

Le comte était dans son cabinet situé au rez-de-
chaussée ; tous les rideaux des fenêtres étaient fermés ;
le jour commençait à baisser, et dans cette pièce tout
était alors sombre et silencieux.

— Monsieur, v'là la jeune fille ! dit le jardinier en poussant devant lui Violette qui n'ose plus entrer, et en lui
disant à l'oreille :

— N'ayez pas peur, il ne vous mangera pas !

— Qui donc me demande ? dit le comte, qui est resté assis
devant son bureau.

— Pardon, monsieur, c'est moi !...

Violette s'était décidé à s'avancer, elle se trouvait alors
tout près du bureau de M. Brévanne, et celui-ci, en levant
les yeux, demeure stupéfait de voir la jeune bouquetière
devant lui.

— Vous ?... comment !... vous ici... chez moi ! s'écrie-t-il
d'un air mécontent.

— Oui, monsieur... oui... ah ! vous me reconnaissez,
monsieur !

— Si je vous reconnais ! oh ! oui... vos traits sont trop

bien gravés dans ma mémoire ! mais encore une fois, mademoiselle, que venez-vous faire ici ?... qui vous y a envoyé ?

— Envoyée... personne ne m'a envoyée, monsieur, c'est de moi-même que je suis venue... C'est sans doute bien hardi de ma part... mais quand on ne sait plus où donner de la tête... quand chaque jour on reçoit de nouveaux affronts et qu'on ne les a pas mérités... car je vous jure, monsieur, que je n'ai aucune faute à me reprocher, que je puis marcher la tête haute... que je puis sans rougir soutenir les regards de mes compagnes... et cependant on me soupçonne... bien plus, on répète que je suis une pas grand'chose... et ceux qui auraient dû me défendre, sont les premiers à m'abandonner, à me mépriser... Ah ! monsieur, je suis bien malheureuse... excusez-moi de venir vous conter cela... je sais bien que cela ne vous intéresse pas, et cependant, si vous vouliez prendre ma défense, vous, monsieur, ah ! je suis bien sûre qu'on vous croirait, vous ! Et lui... qui est ici chez vous avec sa mère, si vous lui disiez que c'est affreux de mal parler de moi... car, ce qu'il croit il le dit à d'autres, à ses amis, et hier Chicotin... qui est un bon garçon... quoiqu'il flâne trop ! Chicotin qui m'avait toujours témoigné de l'amitié... eh bien, il m'a dit des injures... il m'a traitée avec mépris... ah ! c'est trop fort ! j'ai senti mon courage qui s'en allait... et pour en recouvrer un peu... j'ai pensé à vous, monsieur, qui aimez tant à faire du bien... je me suis dit que vous auriez aussi pitié d'une pauvre fille sans parents, sans amis, sans appui sur la terre... que vous la défendriez, vous, et voilà pourquoi je suis venue, monsieur.

Violette a cessé de parler ; elle attend que le comte lui réponde, mais celui-ci semble absorbé dans ses pensées, sa tête est penchée sur sa poitrine, et il garde le silence.

La jeune fille reprend au bout de quelque temps :

— Monsieur avait paru... l'autre jour... prendre un peu d'intérêt à moi... voilà ce qui m'a encouragée... à me présenter ici

— Ici... chez moi... vous ! s'écrie Brévanne que ces mots ont tiré de sa rêverie ; mais savez-vous bien, mademoiselle, que votre place n'est pas chez moi !... que moins que tout autre vous ne devriez vous y présenter... que c'est me braver... m'insulter en face que d'y venir.

Violette se sent défaillir ; ne comprenant rien à la colère de cet homme qu'on lui avait dit être si bon, elle baisse les yeux en balbutiant :

— Monsieur... je ne croyais pas... je ne savais pas... Dieu me garde d'avoir eu l'intention que vous me supposez... pardonnez-moi, monsieur, je vois bien que j'ai eu tort de venir, puisque cela vous fâche... mais je croyais que vous auriez pitié de moi... d'une pauvre fille... seule sur la terre... sans...

— Sans parents... qui vous a dit que vous étiez sans parents, mademoiselle ? oh ! je suis presque certain que vous en avez, moi... car je les connais... vos parents...

— Mon Dieu ! serait-il possible, monsieur, vous connaîtriez mes parents... vous pourriez me dire si ma mère vit encore... Ah ! par grâce, ne me trompez pas... ne me donnez pas un faux espoir... Tenez, monsieur, comme déjà l'autre jour vos questions m'avaient fait penser que peut-être vous pourriez m'aider à retrouver ma famille, aujourd'hui, avant de venir ici, j'ai pensé à prendre sur moi le seul objet qui me vienne de mes parents...

— Ah ! vous possédez quelque chose qui prouve à qui vous appartenez... un papier, une lettre sans doute, donnez... donnez... oh ! je reconnaîtrai leur écriture...

— Non, monsieur, ce n'est pas de l'écriture... c'est tout simplement un mouchoir... il paraît qu'il était dans les effets que l'on a donnés à ma nourrice pour qu'elle m'en fît une layette... c'est que j'ai eu une bien drôle de layette, moi, monsieur, il y avait des pantalons, des gilets, des cravates, probablement que mes parents croyaient que j'étais un garçon...

— Mais ce mouchoir enfin...

— Le mouchoir... ma nourrice l'a trouvé si beau, si bien brodé, qu'elle n'a pas voulu le couper pour m'en faire un bonnet, et elle me l'a gardé. Mon Dieu... voilà que je ne le trouve plus à présent.... je suis pourtant bien sûre de l'avoir emporté... ah ! le voilà, monsieur, le voilà.

Violette présente au comte un mouchoir blanc en fine batiste dont tous les coins sont brodés. Le comte s'approche d'une fenêtre, examine les broderies, et reconnaît le chiffre de sa femme et le sien ainsi que ses armes et sa couronne de comte.

Cette preuve était évidente ; elle achève de lever tous les doutes de M. de Brévanne, et quoiqu'il fût déjà à peu près certain que Violette était la fille de sa femme et de Roncherolle, en reconnaissant son chiffre, il éprouve un violent serrement de cœur, un léger frisson parcourt tout son être... car tels soupçons que l'on ait d'un fait, il y a encore une immensité de là à la certitude.

— Monsieur voit-il sur ce mouchoir quelque chose qui l'aide à reconnaître mes parents... et à me faire savoir s'ils existent encore ? murmure Violette, tandis que le comte a toujours les yeux fixés sur le mouchoir.

— Oui, oui... oh ! je n'ai pas de doute maintenant, et j'avais bien deviné qui vous étiez !

— Alors monsieur va me dire...

— Mais en vous confiant à une nourrice, on a dû vous donner un nom... lui dire celui de vos parents... lui donner leur adresse. Voyons, mademoiselle, quel nom a-t-on dit ? répondez... je vous ordonne de ne plus rien me cacher.

L'air courroucé du comte, le ton avec lequel il interroge la jeune fille font trembler celle-ci ; la pauvre Violette n'ose soutenir les regards irrités qui tombent sur elle, c'est à peine si elle a la force de répondre :

— Mon Dieu, monsieur, je ne cache rien moi... puisqu'au contraire j'étais venue pour savoir... Je ne me souviens pas de ma nourrice... mais la bonne dame qui m'a recueillie, qui a bien voulu prendre soin de moi et m'emmener à Paris, avait eu soin d'écrire tout ce que la nourrice lui avait raconté. Voilà comment je sais que le monsieur qui m'a confiée à cette nourrice lui a dit que je m'appelais Evelina Paulausky ; mais il n'a donné aucune adresse... il a dit qu'on irait me voir, qu'on écrirait ;

mais on n'est pas venu... on n'a jamais écrit... on m'a
oubliée... abandonnée, voilà tout ce que je sais, monsieur,
tout absolument... car si je savais autre chose, pourquoi
ne vous le dirais-je pas, monsieur, puisque cela peut
vous aider à me faire connaître mes parents ?

— Evelina Paulausky ! se dit le comte en marchant
à grands pas dans l'appartement. Du moins ils ont eu
la pudeur de cacher leurs noms ! Mais Roncherolle ?
pourquoi n'a-t-il pas donné le sien ?... Parce qu'après
avoir commis la faute, il ne voulait pas en supporter les
conséquences... et ils ont trouvé plus simple d'abandonner
l'enfant. Ah ! les misérables !

Violette attendait en tremblant que le comte lui parlât,
car à son agitation, à l'air sombre de son visage, elle
voyait bien qu'il était toujours en colère, et n'osait plus
le questionner ; cependant, comme le temps s'écoulait et
que le comte tout à ses réflexions continuait de marcher
à grands pas dans sa chambre sans s'occuper aucunement
de la jeune fille, celle-ci rassemble tout son courage et lui
dit enfin :

— Monsieur... puisque vous connaissez mes parents...
de grâce... veuillez me les faire connaître à moi... ma
mère existe-t-elle encore ?

— Vos parents ? s'écrie Brévanne en s'arrêtant brus-
quement devant la jeune fille, vos parents ! ah ! vous
voulez les connaître ! eh bien, apprenez que vous êtes
l'enfant du crime... de la perfidie. Votre mère a manqué
à tous ses devoirs... elle a trahi les serments qu'elle avait
faits à un homme d'honneur... elle a été obligée de quitter
un nom qu'elle avait flétri. Votre père !... ah ! votre père
a lâchement trompé l'amitié... ne croyant à rien ! ne res-
pectant rien... se moquant de tout ce qui est sacré dans
le monde... tournant en ridicule les sentiments les plus
doux... il a trahi son meilleur ami.

— Ah ! monsieur... pitié... pitié pour eux.

— De la pitié ! et vous voyez bien qu'ils n'en ont pas eu
pour vous... puisqu'ils vous ont abandonnée... et aujour-
d'hui vous croyez que je vous protégerai... vous... leur
enfant ! vous, le fruit de ce commerce adultère... non,

non... je ne veux plus vous voir... votre présence rouvre toutes mes blessures... sortez de chez moi, mademoiselle... et surtout n'y revenez jamais.

— Ah ! monsieur... grâce... grâce... si j'avais su...

— Quant à ce mouchoir qui a appartenu à votre mère, je le garde, car il y a dessus des chiffres !... des armes... que vous n'avez pas le droit de conserver... allez... allez... je ne veux plus vous voir, votre présence me fait mal.

Violette se sent mourir; mais la colère du comte l'épouvante, anéantie par ce qu'elle vient d'apprendre, elle n'a plus la force de dire un mot, elle sort du cabinet, de la maison... deux ruisseaux de larmes coulent de ses yeux, elle ne pense pas à les essuyer... elle traverse la pelouse et se dirige vers la grille; le jardinier, qui est encore là et qui, frappé de la douleur de cette jeune fille, l'appelle, lui demande pourquoi elle pleure, l'engage à s'arrêter un moment dans un pavillon, en lui faisant remarquer que le temps est bien noir et qu'un orage se prépare ; Violette ne l'écoute pas ou ne l'entend pas, elle marche toujours d'un pas rapide, bientôt elle a franchi la grille, et elle est loin de la demeure du comte.

En proie au désespoir, humiliée, désolée d'avoir été traitée de la sorte par la personne qui a recueilli Georget et sa mère, Violette marche longtemps sans savoir où elle va. Mais que lui importe ? elle ne regarde plus le chemin qu'elle prend, elle va très-vite cependant, mais ce n'est pas pour se garantir de la pluie qui commence à tomber, elle ne la sent pas ; sa tête brûle, la fièvre fait trembler ses membres ; elle va toujours en se disant :

— Je suis l'enfant du crime ! ma mère est coupable... mon père a trahi l'amitié... ah ! c'est sans doute pour cela qu'on me chasse, moi... que l'on me défend d'aller demander secours et protection... eh bien, alors... ça n'est pas la peine que je vive, moi... ce n'était donc pas assez d'avoir été abandonnée par mes parents... à présent que l'on sait qui je suis, il faut donc m'attendre à être honteusement chassée partout où je me présenterai... Comme il m'a traitée... ce monsieur qu'on disait si bon ! oh ! non, je ne puis pas vivre ainsi, je suis trop malheureuse... être méprisée de tout le monde... je n'avais rien fait pour cela... et maintenant on me reproche ma naissance... Est-ce que j'avais demandé la vie, moi?

Violette marchait toujours, mais la nuit venait, bientôt elle ne voit plus rien, elle se cogne contre les arbres. Elle s'est égarée dans le bois de Vincennes et la pluie tombe par torrents. La pauvre fille s'appuie contre un petit arbre, dont le feuillage ne saurait la protéger contre l'orage; mais elle ne remarque pas l'eau qui ruisselle sur tout son corps, elle est absorbée par sa douleur. Une petite charrette couverte et traînée par un cheval efflanqué, passe sur la route au bord de laquelle est arrêtée Violette; un paysan qui est dedans aperçoit cette jeune fille exposée à l'orage; il arrête sa voiture et lui crie:

— Vous n'êtes pas bien là... vous recevez tout! montez avec moi: si vous allez à Paris, je vous mettrai à la barrière de Belleville.

— Merci, monsieur, merci, ce n'est pas la peine, répond Violette d'une voix faible, je suis bien là.

— Bien... ah! oui... vous êtes bien là pour attraper une bonne maladie... je ne laisserai pas une femme dans le bois à l'heure qu'il est... et par le temps qu'il fait! Ah! vous faites des façons... je vas vous faire monter, moi! oui... oui... je vous dis que vous monterez...

Le paysan saute en bas de sa voiture, il prend la jeune fille sous le bras, la pousse contre le marchepied de sa charrette, lui met un pied dessus et enfin la fait monter. Violette se laisse faire comme un enfant. Le paysan la fait asseoir sur des choux et des carottes en lui disant:

— Vous serez toujours mieux là que sous ce petit arbre, et recevant toute la pluie... vous êtes déjà trempée... je suis sûr que c'est ça qui vous a engourdie. Pauvre fille... elle ne peut plus ni parler ni faire aller ses jambes... mais les cahots de la voiture vous réchaufferont... allons!... en avant... hue, Blanchet!

Blanchet part. La charrette, qui n'est pas suspendue, secoue en effet ceux qui sont dedans de façon à les dé-

23

gourdir. Violette se laisse secouer et ne dit rien, elle
semble étrangère à tout ce qui se passe autour d'elle ; elle
ne comprend qu'une chose, c'est qu'elle ne doit plus
vivre, parce qu'elle sera alors désormais méprisée par
tout le monde ; elle se trouvait malheureuse lorsqu'elle a
été le matin à Nogent ; maintenant elle en revient déses-
pérée, elle en revient avec la mort dans l'âme, elle espérait y trouver des consolations, un appui, elle y a trouvé
la honte, le mépris, elle a été chassée enfin et elle ne se
sent pas le courage de supporter ce dernier affront.

Le paysan qui a fait monter la jeune fille dans sa charrette ne remarque pas son morne désespoir ; comme il
parle toujours, comme il fait lui-même des demandes et
des réponses à ses questions, avec lui on n'a pas besoin
d'ouvrir la bouche ; la sienne est un moulin à paroles qui
fonctionne continuellement. On arrive ainsi à la barrière
de la Courtille ; là le paysan arrête Blanchet et dit à
Violette :

— Mon enfant, c'est ici que j'ai affaire .. je ne peux
pas vous mener plus loin ! mais vous vlà dans Paris, et
puis, ce qu'il y a de bon... c'est que l'orage a cessé... on
dirait même que le temps veut se remettre au beau... ça
ne m'étonnerait pas... Je vas vous aider à descendre...
car vous devez être dégourdie à présent... n'est-ce pas ?
ma voiture produit toujours cet effet-là. Allons, appuyez-
vous sur moi... c'est ça !... Voyez-vous, vlà le faubourg du
Temple devant vous... le boulevard est au bout... c'est
vot' chemin... tant mieux... bon voyage... mais faudra
tout de même vous sécher en arrivant chez vous.

Le paysan quitte la jeune fille pour entrer chez un
marchand de vin traiteur. Violette n'a pas même trouvé
un remercîment pour répondre à cet homme obligeant ;
elle est dans la rue, elle voit la barrière, elle passe sa
main sur son front comme pour rappeler ses idées, puis
elle rentre dans Paris en se disant :

— Je me reconnais... le canal est là-bas !

Violette ne pleure plus, ses yeux sont secs. Elle a des-
cendu rapidement le faubourg ; arrivée au canal, au
lieu de traverser le pont, elle tourne à gauche ; elle

marche quelque temps au bord de l'eau. Il est dix heures du soir; les passants deviennent rares sur le chemin qu'elle suit. Une idée fatale s'est emparée de la pauvre fille, elle veut mourir; elle se croit déshonorée parce que l'homme dont elle allait implorer l'appui l'a chassée de chez lui. Elle se dit que maintenant Georget ne pourra plus l'aimer, et elle est résolue à se débarrasser d'une existence qui ne serait plus pour elle qu'un supplice.

Tout à coup elle s'arrête... regarde autour d'elle... personne ne passe... elle franchit la chaîne qui la sépare des bords du canal. Devant elle se trouve un grand bateau de charbon... elle hésite, puis elle pense que de ce bateau elle se jettera plus facilement à l'eau sans être remarquée. Elle passe sur une planche et se trouve bientôt dans le bateau; alors, avant de se précipiter, elle tombe à genoux et murmure cette prière:

— Mon Dieu, pardonnez-moi... c'est un crime que je vais commettre... mais je ne me sens plus la force de supporter l'existence... d'être méprisée par tout le monde... moi, qui n'ai pas commis les fautes dont on m'accuse... Il ne peut plus m'aimer, lui... car son protecteur me chasse... mais peut-être qu'il me regrettera!... et qu'il saura un jour que j'étais innocente.

A peine a-t-elle achevé ces mots que la jeune fille se relève, s'élance... mais quelqu'un qui était caché à quelques pas d'elle et qui avait entendu sa prière, se trouve là pour l'arrêter, pour la retenir vigoureusement dans ses bras, en s'écriant:

— Par exemple... vous jeter à l'eau!... cré nom d'une pipe!... ça ne sera pas!... Ah! Dieu de Dieu! que je suis content de m'être trouvé là et d'avoir remplacé le père Chiffon, le gardien du bateau... pauvre mam'selle Violette... vouloir mourir... vous...

— Oui... moi... parce que je suis méprisée par tout le monde!...

— Oh! vous ne le serez plus, mam'selle... vous ne le serez plus... d'abord par moi, Chicotin, qui vous ai entendue tout à l'heure quand vous parliez au bon Dieu...

et on ne lui ment pas à lui... je vous ai entendue !...
pauvre jeune fille !... vous êtes innocente... ah ! je comprends combien vous avez dû souffrir... mais je veux être
un des premiers, moi, à vous rendre justice...

Et Chicotin tombant à deux genoux devant la jeune
fille, ôte sa casquette et lui dit d'une voix repentante :

— Mam'selle, je vous demande bien pardon de vous
avoir soupçonnée... d'avoir cru à des méchants propos
dits sur votre compte... aujourd'hui je jurerais devant
toutes les autorités que vous n'avez jamais cessé d'être
sage... pardonnez-moi donc, mam'selle, de vous avoir
offensée...

L'action touchante de Chicotin, les paroles qu'il vient
de prononcer ont bouleversé l'âme de Violette, ses pleurs
coulent de nouveau, mais cette fois ces larmes sont
douces et la soulagent, son cœur se dilate, elle respire
plus librement, il lui semble qu'elle revient à la vie ; elle
tend ses mains au jeune commissionnaire, en lui
disant :

— Ah ! merci... merci, mon ami..., ce que vous venez de
faire est bien... j'éprouve un soulagement... oui, je ne
me sens plus la même, il me semble que vous venez de
me débarrasser d'un pesant fardeau que j'avais là... sur
la poitrine... Ah ! je ne veux plus mourir à présent.

— Bien vrai, mam'selle Violette, bien vrai ? Oh ! d'abord
si j'avais encore quelque inquiétude là-dessus, je ne vous
quitterais pas pas plus que vos talons.

— Non, Chicotin, je ne veux plus mourir, je vous le
jure, vous m'avez rattachée à l'existence... et maintenant... tenez, je suis contente que vous m'ayez empêchée
d'accomplir mon funeste dessein.

— Ah ! v'là qui est parler, à la bonne heure ; mais enfin
d'où venait cet accès de désespoir... est-ce que quelqu'un
vous avait encore fait de la peine ?

Violette raconte à Chicotin son voyage à Nogent et
la manière dont elle a été traitée par le protecteur de
Georget.

— Mam'selle, dit le jeune commissionnaire, tout ça
n'est pas naturel... pour que ce monsieur, dont on dit tant

de bien, se soit mis en colère contre vous, faut qu'il y ait
dans votre naissance queuque chose qui n'est pas clair et
qui l'asticote fièrement. Ah ! si Georget vous avait vue...
renvoyée comme ça... je suis bien sûr qu'il aurait pris
votre défense !

— Non... puisqu'il me croit coupable... puisqu'il me
méprise !

— Oh ! je le désabuserai, moi !

— Ce que je regrette, c'est que M. Malberg ait gardé
ce mouchoir qui était tout ce qui venait de mes parents,
en disant qu'il ne devait pas me le rendre.

— Oh ! soyez tranquille, mam'selle, il faudra ben qu'il
vous le rende... j'en fais mon affaire, moi. Mais venez,
mam'selle, sortons d'ici... je vas vous ramener chez
vous... le charbon se gardera tout seul... d'ailleurs vous
demeurez dans le faubourg, je crois...

— Non, Chicotin... j'ai pris une autre chambre dans une
maison plus tranquille, dans la rue de Crussol, et j'y habite
depuis huit jours.

— Rue de Crussol, tiens, j'y ai une pratique... Ça serait
drôle si c'était dans la même maison... Venez, mam'selle,
donnez-moi le bras... vous tremblez... vous avez froid... je
gage que vous avez la fièvre...

— Peut-être un peu... j'ai été bien mouillée... j'arrive
de Nogent, j'ai reçu une partie de l'orage.

— Faudra vous coucher de suite en rentrant et tâcher
d'avoir bien chaud.

Violette a pris le bras du jeune commissionnaire. Ils
gagnent le pont de la rue d'Angoulême, et sont bientôt
rue de Crussol. La jeune fille s'arrête devant la maison où
Chicotin a trouvé un logement pour Roncherolle.

— C'est ici, dit Violette.

— Ah ! ben c'te rencontre... c'est juste dans la maison
de ma pratique... à quel étage que vous logez donc ?

— Dame, tout en haut dans les mansardes... je crois
que c'est au sixième, mais la chambre est bien gentille,
allez !

— Ça doit être au-dessus de mon goutteux. Et c'est la
mère Lamort qui est votre portière ?

— Oui, une bien bonne femme qui veut toujours me faire mon déjeuner.

— Eh ben, mam'selle, si vous m'en croyez, dites-lui ce soir de vous monter un lait de poule,.. ça vous empê-chera d'être malade... Bonsoir, mam'selle ; en allant chez mon ancien, je demanderai de vos nouvelles à la portière. Vous ne m'en voulez plus, mam'selle... n'est-ce pas ?

— Ah ! bien au contraire, Chicotin, vous m'avez em-pêchée de commettre un crime, et vous avez fait rentrer l'espérance dans mon cœur.

— Alors adieu, mam'selle ; je vais retourner garder le charbon.

XXXV

Vicissitudes de la fortune.

Retournons un peu en arrière pour retrouver madame de Grangeville que nous avons quittée lorsque, dans le petit bois appartenant à M. Glumeau, elle s'était trouvée en tête-à-tête avec son mari.

Cette rencontre avait vivement ému cette dame, non pas de cette émotion qui fait doucement palpiter le cœur en nous rappelant de tendres souvenirs, la baronne avait toujours été trop coquette pour être sensible; mais la vue de son mari lui avait causé de l'inquiétude, presque de l'effroi, puis, frisant un retour sur le passé, et le comparant à sa situation actuelle, elle n'avait pu s'empêcher de regretter la position qu'elle occupait lorsqu'elle était comtesse de Brévanne, et cette fortune qui lui permettait de satisfaire tous ses caprices.

Les cinq cents francs que M. de Merval lui avait remis en feignant de les lui devoir n'avaient pas duré longtemps entre les mains d'une femme qui avait toujours été *une mangeuse d'argent.*

Quand madame de Grangeville voyait chez une modiste un chapeau ou un bonnet à son goût, il le lui fallait, n'importe à quel prix. Quant à l'intérieur de sa maison nous avons vu qu'elle en abandonnait la direction à sa femme de chambre Lizida; aussi les créanciers étaient-ils nombreux.

Le lendemain de la petite fête donnée par les Glumeau, et à laquelle la baronne avait assisté, elle s'empresse en s'éveillant de sonner Lizida.

— Madame s'est-elle bien amusée hier à Nogent? dit la femme de chambre. Madame est revenue au jour, à ce que je crois... Il y avait donc une voiture pour ramener madame?

— Ah! ma chère Lizida.., j'ai bien des choses à te conter... oui, des jeunes gens m'ont ramenée dans leur voiture... Ils étaient fort bien, ces jeunes gens... mis à la dernière mode... Mais si tu savais qui j'ai rencontré à cette fête... rien que d'y penser j'en suis encore tout émotionnée!

— Quelque soupirant... quelque amoureux de madame qui aura voulu l'enlever de force... l'entraîner dans la campagne...

— Non... oh! tu n'y es pas du tout!... à cette fête j'ai rencontré... mon mari!

— Il serait possible!...

— Oui, Lizida : tu dois comprendre que cela m'a bouleversée. Heureusement c'était dans un bois... il n'était pas près moi, mais je l'ai reconnu sur-le-champ, il n'est presque pas changé... c'est étonnant... il m'a semblé mieux qu'autrefois.

— Et sans doute de son côté il a aussi reconnu madame?

— Oh! tout de suite, j'ai vu cela dans son regard.

— Il regardait madame avec tendresse, je gage...

— Non... il n'y avait aucune tendresse dans ses yeux. Oh! c'est un homme si orgueilleux... si ridicule... Figure-toi que, toute la société étant partie, nous nous sommes trouvés seuls tous deux dans le bois...

— Madame voulait donc avoir un entretien avec son mari?

— Non! je ne le désirais pas... mais je ne sais ce que j'avais... l'émotion m'avait ôté mes forces... je ne pouvais plus bouger... j'avais peur...

— Quelle folie!... Et monsieur votre mari a profité de ce moment pour tomber à vos genoux... pour vous demander pardon de sa conduite passée...

— Ah! bien oui, il me regardait en dessous... il se tenait appuyé contre un arbre... je t'assure que je n'étais pas rassuré du tout. Heureusement, la société, inquiète de ne pas me voir au salon, avait envoyé trois ou quatre jeunes gens à ma recherche, ils me trouvèrent dans le bois, et je t'assure que je fus bien contente de m'en aller avec eux.

— Et ensuite... votre mari?

— Oh! il ne vint pas dans les salons et j'en fus enchantée. Je ne le revis plus. Eh bien, Lizida, que dis-tu de tout cela?

— Ma foi, madame, je dis que décidément M. le comte n'est pas aimable! se retrouver avec une petite femme charmante comme madame, après une longue séparation! c'était le cas ou jamais de se jeter à genoux, de se raccommoder, de se remettre ensemble!

— Oui... il est certain que beaucoup de maris auraient agi ainsi!...

— Et madame est si bonne... je suis sûre qu'elle aurait pardonné!

— C'est bien possible... mais enfin tout cela n'est pas arrivé. C'est égal, je suis enchantée que ce monsieur m'ait vue avec la toilette que j'avais hier... il ne pourra pas se douter... que je manque d'argent...

— Il est certain que la toilette de madame était magnifique...

— Lizida... vois donc dans ma commode... le tiroir en haut, ce que j'ai encore d'argent.

Mademoiselle Lizida va regarder dans la commode et répond à sa maîtresse:

— Madame, je trouve encore vingt francs.

— Comment il n'y a plus que vingt francs... et tu avais changé un billet de cinq cents il y a peu de jours... ce n'est pas possible... tu ne cherches pas bien!

— Je vous assure, madame, qu'il n'y a pas plus. Mais si madame veut se rappeler tout ce qu'elle a dépensé, elle comprendra qu'il ne peut guère lui rester davantage. D'abord nous avons payé cent vingt-trois francs à la couturière... ensuite dix francs à l'épicier, et puis cinquante après, parce qu'il est venu faire une scène.

— C'est vrai... c'est odieux de donner tant d'argent à ces gens-là.

— Ensuite, madame s'est acheté ce délicieux chapeau qu'elle avait hier... soixante francs, je crois.

— Oui, et ce n'est pas trop cher.

— Ensuite madame s'est acheté cette magnifique robe en soie avec des volants à dessins... cent vingt francs, je crois!

— Oui, c'est pour rien!

— Tout cela fait déjà près de quatre cents francs... ensuite des emplettes chez le parfumeur, des gants, et puis enfin nous avons vécu... Madame voit bien qu'il ne peut pas lui rester plus de vingt francs.

— C'est juste! mon Dieu comme l'argent disparaît!... on devrait bien inventer autre chose... dont on aurait plus. Allons, il n'y a plus à balancer, quel que soit le cours de la bourse, je vais vendre mes Mouzaïas!

Madame de Grangeville fait vendre sa dernière ressource; ce qui lui avait coûté deux mille francs, lui en produit à peu près neuf cents. Avec cette somme la maison de la baronne marche quelque temps: mais comme

on avait encore beaucoup de dettes et que les créanciers
devenaient menaçants, il fallait bien leur donner des
à compte, et puis, avec sa manie de satisfaire toutes ses
fantaisies, madame de Grangeville était incapable d'éco-
nomiser. Enfin on voit bientôt finir le produit des Mouzaïas, et alors on est obligé de ne plus contenter ses
caprices. Alors on est malgré soi forcé de réfléchir, de
songer à l'avenir, et il était effrayant pour cette femme
qui n'avait jamais su s'occuper, même à ces ouvrages que
des dames bien nées ne dédaignent pas, et qui deviennent
une ressource, lorsque, aux jours sans nuage, succède
l'adversité.

A chaque instant, pour se procurer de l'argent, madame
de Grangeville était obligée d'envoyer au mont-de-piété
des vêtements ou quelque bijou. Elle s'étonnait du peu
qu'on lui donnait sur ces objets, mais mademoiselle Lizida,
qui devenait beaucoup moins aimable à mesure que les
ressources diminuaient, ne se gênait pas alors pour répondre à sa maîtresse :

— Ah! madame croit qu'on va lui prêter ce que ça lui
a coûté peut-être!... madame se figure que ces chiffons
qu'on paie très-cher ont de la valeur... ouiche! le plus
souvent... Par exemple, un bonnet ou un chapeau que
madame a payé quarante francs au Temple on vous en
donnera quinze sous... et encore... ah! dame! c'est que
madame en achetait souvent de ces chiffons-là... c'est ce
qui nous a ruinées.

— Mais cette robe de soie que tu as portée aujourd'hui
en gage, Lizida, ce n'est pas un chiffon cela, c'est celle
que j'ai achetée pour aller à Nogent chez les Glumeau...
il y a deux mois environ... elle n'est pas usée et elle m'a
coûté cent vingt francs.

— Oui, mais elle est fanée, il y a même des taches...
madame tache beaucoup ses effets! les dessins ne sont
plus à la mode... ni la couleur non plus; enfin c'est avec
bien de la peine que j'ai eu vingt-deux francs dessus! cela
ne nous mènera pas loin!

Madame de Grangeville pousse un gros soupir et se dit
à elle-même :

— Et quand je n'aurai plus rien à engager !

— Ah ! voyez-vous, madame, reprend la femme de chambre de plus en plus familière, vous n'avez pas eu de tact ! quand vous avez rencontré votre mari dans ce bois à Nogent, il fallait lui faire quelques avances... quelques mines gracieuses... un mari qui est si riche ; dame, ça mérite des égards ! si vous lui aviez lancé des œillades, cela l'aurait flatté, et il serait revenu à vous.

— Je ne crois pas ! répond froidement madame de Grangeville.

— Ah ! dame ! reprend la camériste. A moins que ce monsieur n'ait des motifs... Après tout... je ne sais pas le fin mot, moi !

Cependant l'été avait fait place à l'automne, et déjà de nouveaux besoins se faisaient sentir. Madame avait froid le matin et voulait du feu dans sa chambre ; mais souvent on manquait de bois, et au lieu de tâcher de s'en procurer en faisant l'aimable avec quelque nouveau fournisseur, mademoiselle Lizida ne s'occupait que de se chercher une place, ne se souciant pas de rester dans une maison où il n'y avait plus de profits. Les inquiétudes, les ennuis vieillissaient rapidement madame de Grangeville. En six semaines elle était plus changée qu'en six ans. La privation d'un bonnet ou d'un chapeau à la mode était pour cette femme un chagrin plus cuisant que tous les autres événements de sa vie. Les rides se formaient plus nombreuses, plus visibles sur son visage ; et il fallait se priver de tous ces charmants colifichets avec lesquels on parvient souvent à les dissimuler. Pour une coquette c'était le plus cruel des supplices, elle n'avait pas le courage de supporter sa mauvaise fortune, et en s'affligeant, elle en rendait les ravages plus rapides.

Un matin, comme le vent soufflait du nord, et que la baronne voulait absolument qu'on lui fît du feu, mademoiselle Lizida, à défaut de bûches, avait déjà mis dans la cheminée une chaise de l'antichambre et plusieurs cartons à champignons, avec lesquels elle se préparait à faire une régalade, lorsque le portier sonne et remet une lettre qui ne coûte rien.

— C'est une lettre pour madame, dit Lizida en apportant la missive à sa maîtresse. Voyez, madame... c'est peut-être une bonne nouvelle... si on vous envoyait de l'argent... comme ça nous arriverait bien.

— Je n'en attends pas, répond tristement la baronne...

— Raison de plus, madame ; quand on attend les choses, elles ne viennent pas, quand on ne compte pas dessus, elles arrivent. Et puis, voyez donc quelle belle lettre carrée... avec trois cachets en cire...

— C'est vrai...

— Et la belle écriture !... c'est moulé.

— Oui, c'est quelque circulaire de copiste... enfin voyons toujours.

A peine madame de Grangeville a-t-elle déchiré l'enveloppe qu'elle en voit tomber plusieurs billets de banque, un cri de surprise lui échappe. Mademoiselle Lizida fait un temps de polka dans la chambre en s'écriant:

— Qu'est-ce que je disais à madame ?... des billets de banque !... voilà la fortune qui nous *ressourit!* ô bonheur !...

— Mille, deux mille et cinq cents... deux mille cinq cents francs que l'on m'envoie...

— A la bonne heure... on peut marcher quelque temps avec ça...

— Ah ! Lizida... ne brûle donc pas les cartons à champignons...

— C'est juste, ils pourront servir maintenant.

— Ah ! il y a une petite lettre avec les billets... voyons bien vite de qui me vient cet argent. « Madame, une de vos anciennes connaissances, sachant qu'en ce moment la fortune ne vous est pas favorable, vous prie de vouloir bien accepter cette somme. Tous les six mois, elle prendra la liberté de vous en envoyer autant. » Et pas de signature !

— Tous les six mois autant !... c'est cela qui est gentil !... c'est cinq mille francs que madame touchera par an... Ah ! voilà une aimable connaissance... Mais au reste ça ne m'étonne pas, madame est si bonne, si grande, si généreuse quand elle a de l'argent, que c'est bien juste qu'on lui rende la pareille! je gagerais que cela vous vient de quelqu'un à qui vous avez fait du bien autrefois. Et madame reconnaît-elle l'écriture?

— Mon Dieu non; l'écriture de la lettre est la même que celle de l'adresse!... c'est parfaitement écrit... trop bien pour être l'écriture de quelqu'un qui n'en fait pas métier!

— Ainsi madame ne reconnaît pas, ne devine pas de qui lui vient cet argent!

— Oh! je l'ai deviné sur-le-champ, c'est celui qui déjà m'a obligé!... ce cher de Merval!... quel homme délicat!... il ne veut pas se nommer maintenant... il craindrait que je ne refusasse ses services... Ah! comme cet homme-là m'aimait, Lizida! et pourquoi ne l'ai-je point épousé!...

— Ah! c'est un monsieur qui a été amoureux de madame autrefois...

— Oh! oui, bien amoureux!...

— Alors, madame, c'est qu'il l'est encore! Voilà un homme comme il faut... envoyer des billets de banque, et ne pas même vouloir qu'on le remercie!... il n'y a pas beaucoup d'amis si désintéressés.

Grâce à cet envoi que madame de Grangeville attribue à M. de Merval, cette dame recouvre la tranquillité, elle ne conçoit plus d'inquiétudes pour l'avenir, elle peut de nouveau ne s'occuper que de sa toilette, et mademoiselle Lizida est redevenue aussi complimenteuse qu'autrefois.

C'est quelques jours après cet événement que madame de Grangeville a reçu le bouquet que Roncherolle lui a envoyé par Chicotin.

Le nom de Roncherolle devait faire battre le cœur de celle qui pour cet homme avait perdu la place qu'elle tenait dans le monde. Depuis bien des années, elle n'avait pas entendu parler de son ancien amant; elle ignorait s'il existait encore, et en apprenant qu'il est à Paris en recevant ce bouquet qui lui prouve que Roncherolle est toujours galant, elle se croit de nouveau au temps de ses amours; elle se persuade qu'elle n'a pas vieilli, et elle s'attend à revoir son séducteur toujours aussi amoureux qu'autrefois.

Mais la goutte avait empêché notre galant de suivre son bouquet, et pour ne point laisser croire à cette dame qu'il l'avait oubliée, nous avons vu qu'il avait ordonné à Chicotin de se rendre de nouveau chez madame de Grangeville et de lui offrir cette fois un bouquet de violettes.

— Je suis très-sensible aux souvenirs de M. de Roncherolle, avait dit la baronne au jeune commissionnaire. Mais quoique j'aime les bouquets, dites à celui qui vous envoie que j'aimerais mieux le voir que ces fleurs. Pourquoi donc ne vient-il pas lui-même ?

Chicotin n'avait pas répondu : Parce qu'il a la goutte; car Roncherolle avait défendu de parler de cela. Il avait dit ce qui lui était venu à la tête et s'en était retourné rendre compte de sa commission.

Mais quelques jours après, Roncherolle se sentant en état de marcher, se dirige lui-même vers la demeure de madame de Grangeville.

XXXVI

Deux anciens amants,

— Madame, il y a là un monsieur qui vous demande, dit un jour mademoiselle Lizida à sa maîtresse.

— Ce monsieur... a-t-il dit son nom ?

— Il n'a pas voulu; il prétend qu'il veut laisser à madame le plaisir de le reconnaître.

— C'est M. de Merval sans doute... celui qui est déjà venu une fois cet été ?

— Oh! non, madame, ce n'est pas ce monsieur-là ; je l'aurais bien reconnu. C'en est un que je vois pour la première fois.

— Quel genre d'homme... a-t-il l'air distingué ? est-il élégant dans sa mise ?

— Pour distingué... oui, madame. Il a l'air habitué à se faire servir... Quant à sa mise, dame... ses effets n'ont pas l'air de sortir de chez le tailleur !

— Arrange mon bonnet, Lizida... mes cheveux sont-ils bien ainsi ?

— Madame est gentille à croquer.

— Allons, fais entrer ce monsieur... si c'était par hasard l'ami inconnu qui m'envoie des billets de banque!...

— Oh! madame! il n'en a pas l'air!... ou il se déguise bien alors.

La femme de chambre sort et bientôt Roncherolle est introduit près de son ancienne amie.

Madame de Grangeville était alors assise sur une causeuse, vêtue d'une jolie robe de chambre, coiffée d'un charmant bonnet, sous lequel de grosses touffes de cheveux bouclés à la neige servaient d'accompagnement à un visage qui malheureusement ne pouvait pas s'accommoder comme les cheveux. Les jours de privations avaient laissé de maudites traces qui ne voulaient plus disparaître malgré les cosmétiques et les inventions du parfumeur. Les rides sont des connaissances bien importunes : quand une fois elles nous visitent, elles ne nous quittent plus.

Roncherolle s'est fait aussi beau que cela lui est possible : son linge est d'une extrême blancheur, la propreté la plus minutieuse se montre dans sa toilette. Malheureusement cette propreté rigide ne saurait empêcher que son habit bleu ne soit râpé, son pardessus passé et d'une ancienne forme, son pantalon d'une couleur qui ne se porte plus, son gilet fort élimé des bords, et son chapeau beaucoup trop luisant à force d'être brossé.

Tout ceci n'empêche pas le ci-devant roi de la mode de se présenter avec ses manières distinguées d'autrefois ; seulement il traîne un peu sa jambe gauche, s'appuie fortement sur sa canne, et en retirant son chapeau montre une tête grise et presque chauve.

— Me voilà, belle dame ! c'est moi !... il vaut mieux tard que jamais, n'est-ce pas ?

En disant ces mots, Roncherolle s'est arrêté devant madame de Grangeville, qu'il considère en faisant une singulière grimace ; de son côté, cette dame examine attentivement et d'un air étonné la personne qui est devant elle, et cherche dans ses souvenirs où elle a déjà vu ce monsieur.

— Eh bien !... est-ce qu'on ne me reconnaît pas ? reprend Roncherolle, qui lui-même s'avance encore pour mieux voir la baronne, et comme quelqu'un qui craint de s'être trompé ;

— C'est bien à madame... de Grangeville que j'ai l'honneur de parler ?...

— Oui, monsieur, et vous êtes...

— De Roncherolle, pour vous servir, si vous daignez le permettre.,.

— Roncherolle !... il serait possible... c'est vous !...

— Eh oui, vraiment, c'est moi... ma chère Lucienne.

— Ce cher ami !... ah ! quel plaisir de vous revoir... mais venez donc vous mettre là, près de moi...

Roncherolle se dirige en boitant vers la causeuse, se disant en lui-même ;

— Ah ! bigre !... comme elle est vieille !... quelle dégringolade !...

Tandis que de son côté la baronne pense : Comme il est changé... est-il devenu laid !... je ne l'aurais jamais reconnu.

— Ah ça, chère amie, dit Roncherolle en s'étendant sur la causeuse, est-ce que vous n'attendiez pas ma visite ?... est-ce que vous n'avez pas reçu mes bouquets ?

— Pardonnez-moi... oh ! je vous attendais et avec bien de l'impatience, je vous jure ; mais c'est que...

— Ah ! c'est que je suis diablement changé, n'est-ce pas ?... Ah ! que voulez-vous, le temps n'épargne personne... et puis, la goutte ça fait souffrir,... ça fatigue !...

— Vous avez eu la goutte ?...

— Oui, je l'ai même encore.

— C'est donc cela ; je trouvais dans votre démarche quelque chose... que vous n'aviez pas autrefois.

— Je crois bien, je tire la jambe comme un vieux cheval !...

— Vous avez aussi perdu vos cheveux...

— J'ai perdu une foule de choses !...

— Vous n'êtes plus mince, svelte comme vous étiez...

Roncherolle, que ces remarques commencent à ennuyer, répond avec son air railleur, mais en affectant de rire :

— Eh ! eh ! que voulez-vous, chère amie ! nous ne sommes plus ni l'un ni l'autre ce que nous étions il y a vingt ans !... vous-même vous n'avez plus cette taille de guêpe qui faisait l'admiration de tout le monde, et ces dents irréprochables qui désespéraient toutes les femmes !

Madame de Grangeville rougit et se pince les lèvres avec colère. Elle tâche cependant de se donner un air aimable, tout en disant :

— Ah ! vous me trouvez changée... c'est singulier... il y a cependant des personnes qui prétendent que je suis toujours la même...

— C'est que ces personnes-là n'ont pas été douze ans sans vous voir. Mais nous autres qui sommes de vieux amis... de vieilles connaissances... nous ne sommes pas ensemble pour nous flagorner... Ah dame ! nous nous connaissons trop intimement et de trop longue date pour ne point être francs entre nous... Cette pauvre Lucienne, ah ! ah ! ah !

— Eh bien, monsieur, qu'est-ce qui vous fait donc rire comme cela ?...

— C'est que je pense, je me rappelle... vous montiez à cheval comme un ange, autrefois... de mon côté, j'étais fort bon cavalier... nous sautions en selle, moi comme Baucher, vous comme une écuyère de l'Hippodrome... eh ! eh ! nous voyez-vous, à présent, s'il nous fallait monter à cheval !... ah ! ah ! ah !...

Madame de Grangeville fait un mouvement d'impatience et détourne la tête en se disant : Mon Dieu ! qu'il a mauvais ton maintenant !...

— Mais laissons tout cela, ma chère amie, et parlons un peu de nos affaires. Nous nous sommes quittés il y a douze ans... assez mal, autant que je puis m'en souvenir... mais nous étions encore des amants alors, et les amants se querellent souvent... d'ailleurs on ne peut pas s'adorer toujours, cela deviendrait monotone. Aujourd'hui, il n'est plus question de tout cela, nous sommes de vieux amis, vous ne devez pas douter de l'intérêt que je prends à ce qui vous regarde...

— L'intérêt ! mais il me semble que vous me l'avez fort peu témoigné cependant... je suis douze années sans entendre parler de monsieur... à cette époque, ma fortune était déjà fort endommagée... depuis j'ai eu le temps d'être ruinée tout à fait...de me trouver dans une position très-gênée... très-embarrassante... vous en êtes-vous inquiété ?... pas le moins du monde ! Il me semble pourtant, monsieur, que si vous aviez eu de l'amitié pour moi, si vous m'aviez porté de l'intérêt, c'eût été le cas de me le prouver !...

— Allons... allons ! belle dame... ne nous emportons pas... et surtout ne condamnons pas sans entendre... Vous m'accusez à tort... D'abord je vous croyais toujours dans une situation au moins aisée... ensuite, moi-même, depuis longtemps, je ne suis plus en position d'aider mes amis... je l'ai fait souvent jadis... sans trouver de réciprocité, ce qui ne m'aurait pas empêché de continuer si la fortune me l'avait permis... Mais elle m'a tourné le dos... elle m'a totalement abandonné... je l'ai menée trop lestement elle me garde rancune ; j'ai été malheureux en tout... jeu, paris, courses, placements... impossible de me rattraper d'aucun côté ! Et d'une fortune brillante que me reste-t-il maintenant?... des créances dont je ne puis rien tirer... et quelques méchantes actions industrielles que je suis obligé de vendre pour vivre...et qui bientôt vont me manquer... voilà où j'en suis... je ne pouvais donc pas songer aux autres... étant toujours obligé de songer à moi... ceci est rationnel.

— Ah! vous en êtes réduit là ! répond madame de Grangeville d'un air froid, et en jetant de temps à autre un regard inquisiteur sur les diverses parties de la toilette de son ancien amant. C'est fort triste... Je comprends à présent... je me disais aussi... mais M. de Roncherolle... autrefois si élégant... si coquet dans sa mise... pourquoi donc maintenant se néglige-t-il ainsi !... Mais du moment que vous ne pouvez plus faire autrement.

Roncherolle mord ses lèvres, tout en se dandinant sur la causeuse, et répond :

— Oh ! ceci est le moindre de mes soucis !... j'attache maintenant peu d'importance à ces futilités.. Voyez-vous, à notre âge, chère amie, la coquetterie ne sert plus à rien... sinon à nous rendre ridicules !... Quand le temps est venu, on a beau se farder... se parer, cela n'ôte ni une ride, ni une année !

— Il est devenu cruellement ennuyeux, cet homme !... se dit madame de Grangeville en portant à son nez un flacon de sels. Puis elle reprend au bout d'un moment, d'un air dégagé :

— Grâce au ciel ! tout le monde ne m'a pas abandonnée, moi ; j'ai des amis qui se souviennent sans doute que je les ai obligés... et l'un d'eux me fait en ce moment cinq mille francs de pension !...

— Diable ! voilà qui est beau... voilà qui est très-beau... est-ce un ami ou une amie qui se conduit aussi magnifiquement avec vous ?

— Mon Dieu ! je n'en sais rien !... on ne se nomme pas... on veut garder l'anonyme... pour ne pas même recevoir de remerciments... n'est-ce pas que c'est un beau trait ?

— Superbe !... et dont je regrette bien de ne pas pouvoir être l'auteur... Mais vous devez probablement deviner un peu... malgré le mystère dont on s'enveloppe ?

— Non... c'est-à-dire j'ai quelques soupçons... que je crois fondés.

— Ah !... et il paraît que vous ne m'aviez pas soupçonné, moi ?

— Oh ! non, pas une minute !...

— C'est très-aimable de votre part.

— Vous voyez que j'avais raison !

— Mais vous ne connaissiez pas ma fâcheuse position...

— Qu'importe ! est-ce que vous auriez jamais pensé à moi ?

— Voilà un singulier reproche... Il me semble que je vous ai assez prouvé que j'y pensais autrefois...

— Oui... oui... malheureusement... Ah ! si l'on pouvait prévoir les événements, si l'on pouvait lire dans l'avenir...

— C'est vrai ! il y a une foule de choses... que l'on ne ferait pas... que l'on se repent amèrement d'avoir faites !...

Un silence assez long règne entre les deux interlocuteurs. C'est madame de Grangeville qui le rompt, en s'écriant tout à coup :

— Vous ne vous douteriez pas avec qui je me suis trouvée à la campagne l'été dernier... avec M. le comte de Brévanne !...

— En vérité !

— Oui, c'était à une fête... dans un jardin où il y avait beaucoup de monde. Je l'ai aperçu de loin dans la foule, j'ai fort bien vu qu'il me regardait et me reconnaissait...

— Vous croyez ?

— Comment, si je crois !... c'était bien visible, il avait l'air très-ému !... Moi je l'avais aussi reconnu sur-le-champ... il n'est presque pas changé... sauf ses cheveux qui grisonnent... c'est toujours la même figure... il est bien... c'est un fort bel homme !...

— Vous ne vous en étiez pas encore aperçu ?

— Que c'est méchant ce que vous me dites là !...

— Enfin, vous êtes-vous parlé ?

— Non... je crois qu'il avait bien envie de m'aborder pourtant... il tournait autour de moi dans ce bois... et il était, je le pense, au moment de me parler, lorsqu'il est arrivé du monde... on m'a entourée, emmenée, je l'ai perdu de vue... il sera parti, car je ne le revis plus de la soirée.

— Voilà tout ?

— Oui, c'est tout.

— Eh bien, moi, madame, j'ai vu aussi de Brévanne, et il n'y a pas très-longtemps...

— Il serait possible !... Vous vous êtes rencontrés ?

— Non pas, il est bien venu chez moi exprès, dans

l'hôtel que j'habitais... le hasard lui avait fait découvrir
mon adresse...

— Il a été vous trouver... pour quoi faire ?

— Mais toujours pour le même motif qui le faisait me
chercher partout il y a vingt ans... pour nous battre...

— Vous battre ! allons donc ! ce n'est pas possible...

— Et pourquoi n'est-ce pas possible, s'il vous plaît?

— Parce qu'on ne se bat pas au bout de si longtemps
pour des choses... qui n'ont pas d'actualité...

— Ah ! le mot est joli... je suis fâché que votre mari ne
l'ait pas entendu ! Mais quoique en effet... le motif de ce
combat manque maintenant... d'actualité, de Brévanne y
tient toujours... oh ! il y tient beaucoup, il est très-entêté...
Probablement il me cherchait sans cesse... depuis vingt
ans... et à peine a-t-il su où je... nichais, qu'il est
accouru... toujours le même, flamberge au vent... me
demander raison... mais comme j'avais alors un violent
accès de goutte, la vue de mes souffrances lui a fait comprendre que je n'étais pas en état de lui tenir tête... il
m'a accordé un répit.

— Alors ce n'est que remis... vous finirez par vous
battre, je le vois !...

— J'admire la stoïcité de votre caractère... vous dites
cela comme s'il s'agissait pour moi et votre mari d'aller
au bal de l'Opéra.

— Mon Dieu !... vous devenez bien censeur... bien sévère ! faut-il donc que je pleure en disant cela ?

— Non... d'ailleurs ce n'est pas dans votre caractère...
vous n'avez jamais été bien larmoyante... Pour répandre
des larmes, il faudrait que vous vous vissiez mal coiffée
dans une nombreuse réunion, et c'est un accident auquel
vous n'avez jamais dû vous exposer...

— Monsieur de Roncherolle, vous êtes toujours railleur,
caustique comme autrefois !...

— Si vous trouvez en moi quelque chose qui n'ait pas
changé, cela me fait infiniment de plaisir !

— Trêve de plaisanterie, monsieur : quand ce duel
doit-il avoir lieu ?... car je vous prie de croire que cela
m'intéresse beaucoup...

— Rassurez-vous, madame, ce duel n'aura pas lieu. Je suis aussi entêté que de Brévanne, moi. Je me suis promis de ne point lui donner le chagrin de me tuer et je tiendrai parole.

— Le chagrin... ah! vous pensez donc que le comte aurait du chagrin s'il vous tuait....

— J'en suis persuadé... et encore plus maintenant que s'il m'avait tué autrefois.

— Vous êtes étonnant en vérité!... quelqu'un qui vous cherche depuis... si longtemps avec tant de persistance ! vous voyez bien qu'il est toujours aussi furieux contre vous... Par conséquent, je ne crois pas qu'il aurait grand chagrin de votre mort !...

— Vous êtes dans l'erreur, madame ! le comte n'est plus furieux contre moi... la fureur ne dure pas vingt ans, elle s'éteint bien avant ce terme. Ce n'est plus maintenant que le point d'honneur qui fait agir votre mari... mais ce sentiment n'étoufferait pas les regrets qu'il ressentirait s'il tuait un homme qu'il a aimé... de la plus sincère amitié...

— Mais qu'il déteste maintenant le plus cordialement du monde !

— Non, madame... je vous assure qu'il ne me déteste plus... Quand on vieillit, on se rappelle bien plus les heureux jours de sa jeunesse que les ennuis de l'âge mûr; ces derniers s'effacent dans le cahot, dans le tourbillon de la vie ! les premiers restent et surnagent pour nous distraire, pour charmer nos souvenirs... et voilà pourquoi je crois que de Brévanne ne me déteste plus... Ce que je dis vous étonne... vous ne pensez pas comme moi !... mais les femmes ne comprennent pas l'amitié !...

— Vous avez une drôle de manière de la pratiquer, vous!... enfin, comment ferez-vous pour que ce duel n'ait pas lieu ?

— Ce que j'ai fait depuis vingt ans... je me déroberai aux recherches du comte. J'ai déjà déménagé, je ne suis plus en hôtel garni, et cela m'étonnerait beaucoup s'il me trouvait où je suis à présent.

Madame de Grangeville ne dit plus rien ; Roncherolle

semble réfléchir, et les deux ci-devant amants gardent encore un assez long silence. Cependant le pauvre goutteux avance la main vers son chapeau, et semble se disposer à partir, lorsque son ancienne amie le retient, en lui disant avec une certaine hésitation :

— Monsieur de Roncherolle... j'ai encore à vous entretenir d'un sujet... fort intéressant pour nous deux.

— Un sujet intéressant pour nous deux? répond Rocherolle en replaçant son chapeau sur un meuble, vous m'étonnez... je croyais que nous n'avions plus rien d'intéressant à nous dire... De quoi s'agit-il?

— Vous avez bien peu de mémoire, monsieur, puisqu'il faut que je vous rappelle... ce... résultat de notre liaison... de notre faute, hélas !...

— Oh! oui! trois fois hélas !...

Eh bien ! monsieur, cet enfant... cette petite fille, car c'était une fille... voyons, monsieur, qu'est-elle devenue?... Jadis, quand je vous questionnais à son sujet, vous me répondiez toujours : Soyez tranquille! je sais où elle est... ne vous inquiétez pas, nous la retrouverons !... mais il y a plus de douze ans de cela, monsieur, et il me semble qu'il est bien temps que je sache ce que cette enfant est devenue !...

Roncherolle se balance de nouveau sur la causeuse, en répondant :

— Ah ! oui... c'est très-juste... il y a le chapitre de la petite fille... je n'y pensais plus du tout, moi, et vous allez comprendre tout de suite pourquoi je n'y pensais plus... c'est que cela ne me servirait à rien d'y penser... vu que, depuis que je l'ai mise en nourrice, je ne sais ce qu'elle est devenue !...

— Vous ne savez pas ce qu'elle est devenue !... mais c'est indigne cela, monsieur... mais c'est affreux... mais vous me brisez le cœur !

— Pas de grands mots, ma chère amie, je vous en prie... avec moi vous devez bien penser qu'ils manqueront leur effet ; je ne vous brise rien du tout, car si vous aviez voulu être mère, goûter, connaître les douceurs que ce titre procure, vous n'auriez pas commencé par me prier de vous débarrasser au plus vite de votre enfant dès qu'il vint au monde...

— Monsieur, cela n'est pas... vous m'outragez... vous me calomniez !...

— Vous allez recommencer... voyons, Lucienne, pas de comédie et écoutez-moi. Lorsque vous étiez dans une position intéressante et sur le point d'en sortir, nous parcourions les beaux pâturages de la Normandie ; tout à coup il vous prend fantaisie d'aller voir Ermenonville, ce village devenu célèbre parce qu'un soi-disant philosophe... car je trouve qu'il l'était fort peu, ce monsieur Jean-Jacques, et qu'on ne peut se dire l'ami des hommes quand on fait continuellement du mal à ceux qui nous ont fait du bien... n'importe, il a rendu le village d'Ermenonville célèbre en y demeurant, et surtout en s'y faisant enterrer. Je vous fais observer que c'est imprudent de nous rapprocher de Paris, où pouvait être votre mari, et surtout dans votre position, mais vous avez toujours été opiniâtre dans vos fantaisies, et moi je n'ai jamais su contrarier une dame. Nous arrivons à Ermenonville par un temps épouvantable, très-bien. Le lendemain vous vous sentez souffrante et voulez retourner à Paris pour être certaine d'y trouver tous les secours nécessaires dans votre position... c'était une autre imprudence ! N'importe, je cède ! Nous voici à Paris ; à peine arrivés, qui apercevons-nous dans la rue ? votre mari... très-bien ; il ne nous a pas vus, vous voulez repartir... il n'était plus temps... vous mettez au monde une fille. Dans le trouble... dans l'embarras où nous jette cet événement, prévu cependant, vous commencez par me dire : Emportez vite cet enfant ! trouvez-lui sur-le-champ une nourrice, et que la nourrice parte dès aujourd'hui pour son pays. Je continue de faire vos volontés, j'emporte la petite... qui était fort gentille, ma foi !... dans un appartement que j'occupais provisoirement au-dessus du vôtre ; et je dis à mon domestique... c'était Comtois que j'avais alors, un garçon fort intelligent, je ne l'ai jamais remplacé ! je lui dis de me chercher une nourrice bien fraîche, bien robuste surtout. Comtois part et ne tarde pas à revenir avec l'objet de-

mandé : c'était une paysanne de fort bonne mine, ma foi !
une Picarde... Oh ! je me souviens qu'elle était Picarde.
Je lui donne l'enfant qu'elle trouve admirable... elle me
demande une layette... ah ! je vous avoue que cela m'em-
barrassa beaucoup... vous auriez dû penser à cela, vous,
madame, et vous ne vous en étiez pas occupée... je donnai
tout ce que je trouvai sous ma main : pantalons, robe de
chambre, chemises, cravates... je me souviens même que
je donnai un mouchoir qui vous appartenait et qui se
trouvait par hasard dans ma poche... La nourrice riait
beaucoup en recevant tout cela... je lui remis de plus une
centaine de francs... elle m'avait fait son prix pour
nourrir l'enfant... Oh ! ce n'était pas cher !... Elle me demande les noms de la petite... nous n'étions encore con-
venus de rien ; je dis à la Picarde : vous appellerez cette
petite : Eveline Paulauski... oui, voilà bien les noms que
je lui donnai... je venais de lire un roman dont l'héroïne
s'appelait ainsi. De mon côté, je demandai à cette nourrice son nom, son adresse, afin de pouvoir lui faire passer
de l'argent et avoir des nouvelles de l'enfant. Elle me les
donna, et puis sur-le-champ partit avec son poupon... Oh !
tout cela fut mené très-rondement, vous le voyez ?

— Sans doute, monsieur, jusqu'ici je n'aurai aucun reproche à vous faire... sauf la layette que vous pouviez
faire acheter.

— C'est-à-dire que c'est vous qui deviez l'acheter
d'avance.

— Eh ! monsieur, quand on voyage sans cesse... a-t-on
le temps de faire des emplettes ?...

— Alors, madame, quand donc l'aurais-je achetée, moi
qui voyageais avec vous ?... D'ailleurs est-ce que c'est
l'affaire d'un homme ?

— Enfin, monsieur, laissons cela et revenons à cette
nourrice... vous avez reçu par elle des nouvelles de l'enfant... vous lui avez envoyé de l'argent ?

— Madame, je n'ai reçu aucune nouvelle de la nourrice,
par une raison fort simple, je ne lui avais pas donné mon
adresse ; c'était une mesure de prudence, et d'ailleurs

nous étions toujours en camp volant à cette époque, et je ne sais vraiment pas quelle adresse j'aurais pu donner.

— Alors, monsieur, c'est vous qui lui avez écrit ?

— Eh ! bon Dieu !... c'est bien ce que je comptais faire... en lui envoyant des fonds... et alors je lui aurais indiqué une adresse... poste restante, pour qu'elle me répondit !... mais voici où est survenue la difficulté... Figurez-vous... lorsque cette femme me donna son nom et sa demeure, je n'eus pas la précaution d'inscrire cela aussitôt sur mes tablettes... nous étions si pressés... si sens dessus dessous ! mes effets que je donnais pour faire une layette... l'enfant qui criait... vous qui me faisiez demander des nouvelles... bref, je n'écrivis pas alors cette malheureuse adresse, bien persuadé que je m'en souviendrais. La nourrice partit ; nous eûmes mille choses à faire... il me fallut trouver de l'argent pour repartir ; nous avions sans cesse la crainte d'être découverts par votre mari... Vous le savez, aussitôt que vous fûtes en état de supporter le voyage, nous partîmes pour les Pyrénées.

— Je sais tout cela... enfin ?

— Enfin, un beau jour, vous me demandâtes des nouvelles de l'enfant ; je vous répondis : Il se porte bien, il doit bien se porter. Mais cela me fit souvenir que, depuis six mois que cette petite était créée, j'avais négligé d'envoyer de l'argent à sa nourrice. Je me dis : Pardieu, il faut réparer cet oubli. Aussitôt je trace à la hâte quelques mots... mais quand il s'agit de mettre le nom, l'adresse de cette femme, impossible de m'en souvenir !... c'était en Picardie... la femme se nommait de son prénom Marguerite... mais Marguerite quoi ? il y a des Marguerites partout !... et le nom de ce malheureux village... pas moyen de me le rappeler !... je me dis : Un peu de patience, ça me reviendra. Six autres mois s'écoulent, je pense de nouveau à l'enfant... je me redemande l'adresse de la nourrice... ça ne me revient pas davantage !

— Et vous me disiez toujours que l'enfant allait bien !

— Que vouliez-vous que je vous dise ?... Je ne pouvais pas vous répondre qu'il allait mal, je n'en savais rien...

bref, depuis dix-neuf ans, j'ai très-souvent cherché à me rappeler cette adresse... mais ça no m'est encore pas revenu !...

— Ainsi, monsieur, par votre faute, me voilà privée à jamais de ma fille... voilà cette petite sans famille !... c'est horrible, cela !...

— Permettez, madame, permettez... en y réfléchissant bien... pour la petite d'abord, je ne sais pas si c'est un grand malheur de ne point avoir su le secret de sa naissance... elle eût toujours été dans une fausse position... ensuite la vie de Paris n'aurait jamais valu pour sa santé le bon air de la campagne... et en Picardie surtout !... bon pays... on y boit du cidre, c'est fort sain... si elle existe toujours, je suis certain qu'elle doit bien se porter ! elle habite les champs, les bois... eh ! mon Dieu, elle est sans doute plus heureuse qu'elle ne le serait ici... d'autant plus que ce n'est pas avec ce qui me reste qu'elle aurait trouvé à s'établir.

— Mais moi, monsieur, moi ! comptez-vous pour rien mes regrets... je suis privée des caresses de ma fille !

— Permettez, madame... le désir de ces caresses-là vous prend un peu tard...

— Mais, monsieur, il y a douze ans que je ne vous vois plus !

— Mais pendant sept années que nous ne nous sommes presque pas quittés, cela vous était fort indifférent de laisser la petite en nourrice... vous me demandiez de ses nouvelles quelquefois... de loin en loin !... mais vous ne me disiez jamais : Faites-la donc revenir. C'est que vous pensiez que les soins à donner à cet enfant dérangeraient vos plaisirs... eh bien, moi, je crois que la présence de votre fille vous gênerait encore à présent... car... elle a dix-neuf ans maintenant cette... petite ; et une fille de dix-neuf ans... cela vous repousse terriblement !... cela peut éloigner les conquêtes !

— Monsieur !... vous n'avez pas l'intention de m'insulter, je pense ?...

— Nullement, ma chère amie ! nous nous sommes expliqués... je vous ai avoué la vérité... *il le fallait!*

comme dit *Bilboquet*, et à présent, je reprends ma canne et mon chapeau et je vais regagner mon Marais...

— Vous logez dans le Marais... quel affreux quartier !

— Mais non... d'ailleurs on loge où l'on peut !... je n'ai pas comme vous des anonymes qui me font des rentes... je vous en félicite du reste !... vous pouvez encore satisfaire vos goûts pour les plaisirs... pour la toilette... je vous trouve très-riche maintenant !... auprès de moi.

— Mais non... mais non ! s'empresse de répondre madame de Grangeville d'un air embarrassé. Je n'ai que bien juste ce qu'il me faut pour vivre... vous concevez... une femme a besoin de tant de choses, il me serait impossible de... pouvoir obliger personne.

Roncherolle enfonce son chapeau sur sa tête, s'appuie sur sa canne et s'écrie en regardant la baronne de travers :

— Est-ce que vous avez cru par hasard, madame, que j'avais envie de vous demander ou de vous emprunter quelque chose !... j'espérais cependant que vous aviez vécu assez longtemps avec moi, pour me connaître... j'ai bigrement dépensé d'argent avec les femmes, elles m'ont fait faire bien des folies... mais jamais de bassesses... Je me suis ruiné pour elles... j'en avais le droit. Je les ai courtisées beaucoup, aimées quelquefois, trompées souvent ; mais, Dieu merci, je n'ai jamais rien reçu d'elles... mais j'ai le droit de leur dire ce que je pense... et j'en use dans l'occasion. Je vous présente mes hommages, tendre amie. Roncherolle salue madame de Grangeville d'un air goguenard et sort de chez elle en se disant :

— Oh ! ces femmes dont la vie n'a été que coquetterie !... quand on fouille dans leur âme, quel mauvais terrain !... semez-y des bienfaits, vous n'y recueillerez jamais que de l'ingratitude...

Quant à madame de Grangeville, aussitôt que son ancien amant est parti, elle appelle sa femme de chambre et lui dit :

— Lizida, si par hasard ce monsieur revenait pour me voir, je n'y serai pas, je n'y serai jamais pour lui !... fi donc ! un homme ruiné, qui se met mal, qui traîne la

jambe et qui n'a que des choses désagréables à vous
dire !...

— Madame a bien raison. C'est bon à mettre à la
porte.

XXXVII

La portière garde-malade.

Chez les personnes emportées, violentes, nerveuses, la
colère est prompte, elle éclate avec force, mais elle ne
dure pas ; le cœur qui sent le plus profondément les
blessures qu'il reçoit est aussi le plus accessible aux
larmes qu'il voit répandre, et il se repent bien vite du mal
qu'il a fait.

Le comte de Brévanne, qui venait seulement, quelques
heures auparavant, d'acquérir la certitude que sa femme
avait eu un enfant avec Roncherolle, n'avait pu maîtriser
sa colère, sa jalousie, son dépit en voyant cet enfant se
présenter chez lui ; dans le premier moment il s'était
figuré que c'était une nouvelle insulte, un affront de plus
qu'on lui avait préparé. Toutes ses peines, tous ces tourments passés étaient revenus à sa mémoire, à son cœur,
et nous avons vu comment, par suite de toutes ces circonstances, il avait reçu la pauvre Violette.

Mais une demi-heure s'était écoulée depuis le départ de
la jeune fille ; le comte, qui était resté seul dans son

cabinet, avait eu le temps de se calmer ; et puis cet orage qui était dans l'air venait d'éclater, la pluie tombait avec violence ; alors les gens nerveux se sentent soulagés, ils respirent mieux, leur tête se dégage, et leur irritation tombe avec la pluie.

Brévanne regarde autour de lui, il passe sa main sur son front et se dit :

— Elle est partie... cette jeune fille... comme je l'ai traitée !... mais j'avais donc perdu la raison !... elle venait me demander secours... protection... je l'ai brutalement renvoyée... chassée. Pauvre petite !... est-ce donc sa faute si elle est le fruit de l'adultère... elle ignore qui est sa mère... puisqu'elle venait me demander des renseignements sur ses parents... Ceux-ci l'ont indignement abandonnée... et moi je la chasse ! mais je veux donc être aussi lâche qu'eux !... ah ! je me suis mal conduit !... et cet orage... mon Dieu ! la pluie tombe par torrents... serait-elle partie par ce temps-là ?

Le comte sonne avec violence : Pongo accourt :

— Maître a sonné ?

— Oui ; cette jeune fille de Paris qui est venue me parler tout à l'heure... où est-elle ?... va la chercher... ramène-la... je ne veux plus qu'elle s'en aille...

— Oui, maître.

Et le mulâtre, qui n'a vu aucune jeune fille, se met à courir dans la maison, dans la cour, dans le jardin, en criant tout haut : La jeune fille de Paris !... venir tout de suite... maître demande... maître veut voir... elle pas répondre !... Oh !... moi saura bien trouver toi !

Georget aperçoit Pongo, au moment où celui-ci s'adressait à un gros marronnier et lui disait : As-tu vu la demoiselle qui est venue parler à maître ?

— Que faites-vous donc là, Pongo ? demanda le jeune homme au mulâtre.

— Moi, mossieu Georget, cherche quelqu'un que maître demande et ne trouve pas...

— Et vous vous adressez à cet arbre pour en avoir des nouvelles ?

— Oh! li entend bien... li pas parler, mais li entend bien!

— Quelle personne cherchez-vous?

— Jeune fille de Paris qui est venue parler à maître... il voulait plus qu'elle s'en aille...

— Une jeune fille... qui arrivait de Paris est venue voir M. Malberg?

— Oui... oui!...

— Comment était-elle, Pongo? ah! fais-moi son portrait...

— Je l'ai pas vue... c'est maître qui me l'a dit.

— Qui donc lui a ouvert alors... ah! voilà le jardinier...

Georget court au jardinier. Pongo va dans le jardin parler aux arbres et aux fleurs.

— Avez-vous vu cette jeune fille qui est venue de Paris pour parler à monsieur?

— Oui, certainement, c'est moi qui l'ai fait entrer et conduite à not' maître.

— Comment était-elle?

— Bien jolie, ma fine, c'est un beau brin de fille...

— A-t-elle dit son nom pour être reçue?

— Non, elle a dit que c'était pas la peine.

— Est-elle restée longtemps avec monsieur?

— Mais oui, pas mal de temps.

— Et elle est partie?

— Oui... oh! il y a déjà plus d'une demi-heure... l'orage commençait seulement, et moi, voyant ça, je lui ai proposé d'attendre dans mon logement, je lui ai annoncé qu'elle serait mouillée, mais elle n'a pas voulu s'arrêter... mais elle m'a fait de la peine, parce qu'elle pleurait...

— Elle pleurait... quoi! en sortant de chez M. Malberg, elle pleurait?

— Je crois bien... de grosses larmes! elle avait l'air d'avoir ben du chagrin, mais elle s'est mise en route tout de même.

Georget n'en écoute pas davantage, il court trouver le comte, il peut à peine s'expliquer tant il est ému.

— Monsieur... la jeune fille qui est venue... il est venu une jeune fille de Paris... qui vous a parlé, monsieur...

— Sans doute ; eh bien ?

— Eh bien... elle est repartie, monsieur... et le jardinier a remarqué qu'en s'en allant... elle pleurait... elle avait beaucoup de chagrin...

— Ah!... elle pleurait.

— Oui, monsieur... ah ! je vous demande pardon, monsieur, de vous questionner... mais cette jeune fille... est-ce que c'était elle, monsieur...

— Elle... qui ?

— Violette, monsieur, la petite bouquetière,... celle que... vous savez bien, monsieur.

— Non... non, ce n'est pas elle, répond le comte, qui veut calmer l'agitation de Georget. Pourquoi supposez-vous que cette jeune fille serait venue me trouver !

— Mon Dieu... je ne sais pas, monsieur; mais comme vous lui avez parlé... un jour, à Paris... je pensais que... peut-être... elle avait aussi quelque chose à vous dire... Et ce n'est pas elle qui est venue ici... alors c'est différent... excusez-moi, monsieur.

En ce moment, Pongo arrive tout essoufflé dans l'appartement du comte, en criant :

— Maître !... maître... la fille de Paris... je ne la ramène pas... elle est partie...

— C'est bien, je le sais.

— Ah ! oui, mais moi sais aussi par Thomas, qui l'a rencontrée dans la campagne, qu'elle a reçu tout l'orage !... on lui criait : Mam'selle, arrêtez-vous donc... venez vous mettre un peu à l'abri... elle courait toujours comme si elle n'entendait pas... et toute trempée... tout imbibée d'eau... pauvre fille, malade bien sûr!...

Le comte pâlit, mais il dissimule son émotion et ordonne qu'on le laisse seul. Pongo va retrouver Carabi, en disant :

— Li aussi voulait sortir ! mais moi pas vouloir qu'il soit trempé comme la jeune fille... pauvre fille... dans les champs l'orage... c'est pas bon, ça !...

Georget ne dit plus rien; mais, quoique M. de Brévannes lui ait affirmé que cette jeune fille n'était pas Violette, quoiqu'il n'ose mettre en doute les paroles de son protecteur, cependant il se sent triste, tout oppressé, et il regrette bien de n'avoir pas vu cette pauvre fille qui est partie en pleurant.

Le lendemain de grand matin, et sans rien dire à personne, le comte part pour Paris ; à peine arrivé, il se dirige vers le boulevard du Château-d'Eau. Le temps était froid, mais clair ; c'était une de ces belles matinées d'automne où le soleil brille sur les feuilles jaunes et promet encore un beau jour.

Ce n'était pas jour de marché aux fleurs ; mais quelques bouquetières n'en étaient pas moins à leur place. Le comte s'avance, il cherche des yeux Violette, mais en vain. La jeune fille, ordinairement si fidèle à son commerce, n'a point étalé, n'a point paru à sa place.

M. de Brévanne attend, il se promène longtemps sur le boulevard : il entre dans un café voisin, y déjeune, y lit les journaux, puis retourne à l'endroit où se tient toujours la jolie bouquetière ; mais Violette ne vient pas.

— Quelques achats pour son commerce l'auront retenue aujourd'hui, se dit le comte : retournons à Nogent, je la verrai demain.

Mais, le lendemain, la jeune bouquetière n'est pas non plus à sa place, et le comte est encore obligé de s'en retourner sans l'avoir vue.

La santé de la jeune fille avait été gravement altérée par les événements, par les émotions qui avaient été la suite de son voyage à Nogent. On n'éprouve pas impunément un violent chagrin ; on ne brave pas l'orage, la tempête, sans en ressentir les effets. En quittant le bateau de charbon, Violette tremblait la fièvre au bras de son compagnon, et celui-ci s'en était bien aperçu ; en arrivant chez elle, la jeune fille s'était mise au lit, et le lendemain, malgré tout son désir de vaquer à ses affaires, il lui avait été impossible de se lever.

Heureusement, la mère Lamort était toujours aux ordres de ses locataires. La portière passait son temps à monter et à descendre les six étages de la maison. Sa

chienne gardait sa loge et aboyait lorsque quelqu'un entrait et voulait monter l'escalier. A ce signal convenu
avec sa remplaçante, la mère Lamort se mettait aussitôt
à la fenêtre de l'étage où elle se trouvait alors et con-
versait de là avec les personnes qui venaient demander
quelqu'un.

Chicotin, qui maintenant s'intéresse vivement à la santé
de Violette, ne la voyant pas venir sur le boulevard le
lendemain de la soirée où il l'empêcha d'accomplir son
funeste dessein, ne manque pas d'aller demander de ses
nouvelles à sa portière, qui lui répond :

— La jeune fille est malade et très-alitée, mais je lui
confectionne de la tisane de bourrache, parce que ça *cor-*
rompt la fièvre.

Le jeune commissionnaire, que les discours de madame
Lamort n'ont pas rassuré, grimpe lestement les six étages
et entre chez Violette, qu'il trouve couchée, et dont le
visage empourpré, les yeux caves et ardents annoncent
une fièvre violente ; cependant la jeune fille sourit à Chicotin et lui tend la main, en lui disant d'une voix
faible :

— Merci d'être venu me voir, Chicotin, vous aviez raison hier... cette pluie que j'avais reçue m'a rendue malade... mais ce ne sera rien.

— Voulez-vous que j'aille chercher un médecin,
mam'selle ?

— Non, c'est inutile... ce ne sera rien... D'ailleurs, la
portière est très-complaisante, elle me soigne bien.

— Elle va vous monter de la tisane... mais c'est égal,
je viendrai tous les jours savoir comment vous allez, et
plutôt deux fois qu'une...

— Je ne veux pas que vous vous dérangiez de votre
ouvrage, mon ami.

— Par exemple, ça ne me dérange pas. D'ailleurs, j'ai
une pratique dans votre maison... au-dessous de vous...
un monsieur qui n'est pas toujours solide sur ses jambes ;
mais, pour l'instant, il paraît qu'il trotte assez bien. Voulez-vous que je lui dise de venir vous tenir compagnie ?...
Ah ! c'est qu'il n'est pas bête... il cause mieux que moi !

— Merci, Chicotin, je n'ai pas besoin qu'on me tienne compagnie... je ne m'ennuie pas seule, je sais lire... j'aime la lecture; et d'ailleurs j'ai de quoi penser...

— Mais plus à ces vilaines choses, comme hier ?

— Oh non !... c'est fini.

— A la bonne heure... Moi je vous parlais de votre voisin, parce que c'est pas un jeune homme... et ça ne ferait pas jacasser; mais du moment que vous ne voulez pas !... Ah ! v'là la mère Lamort avec un pot dans chaque main... Vous aurez de l'agrément... au revoir, mam'selle, je reviendrai bientôt.

En sortant de chez Violette, Chicotin rencontre dans l'escalier M. de Roncherolle, qui remontait chez lui.

— Ah ! ah ! tu viens de chez moi, mon garçon ? dit le monsieur goutteux en reconnaissant son commissionnaire habituel.

— Non, bourgeois, non... je viens d'au-dessus de chez vous.

— Au-dessus ? Comment ! il y a encore du monde perché au-dessus de moi ? je croyais que je servais de paratonnerre à la maison.

— Oh ! non, monsieur, il y a une jeune fille bien gentille qui demeure toute seule au-dessus de vous.

— Ah ! mauvais sujet ! je devine, cette jeune fille est ta maîtresse.

— Non, monsieur, vous n'avez pas deviné du tout. Cette pauvre petite est adorée par un de mes amis, et je ne m'aviserais pas de lui conter fleurette, parce que moi, voyez-vous, je ne suis pas capable de trahir un ami, quoique je ne sois qu'un commissionnaire.

Roncherolle baisse la tête en murmurant :

— Tu as raison, mon garçon, tu as raison, car ça ne porte pas bonheur.

— Mais cette pauvre fille, si vous saviez tout ce qui lui est arrivé... Figurez-vous, monsieur, que sans moi, hier au soir, elle se jetait dans le canal...

— En vérité !... Et quel motif ?... un désespoir d'amour... son amant l'a abandonnée, sans doute ?

— Non, il l'aime toujours, il ne pense qu'à elle ; il la

croit infidèle, il est persuadé qu'elle a écouté un beau jeune lion qui lui fait de l'œil, et qui s'est vanté d'avoir été son amant.

— Et pourquoi penses-tu que ce n'est pas vrai, toi?

— Pourquoi, bourgeois? Parce que, hier au soir, quand elle est descendue dans le bateau à charbon, dans l'intention d'accomplir son fatal projet, elle ne pouvait pas se douter que j'étais là, caché derrière le charbon; alors, avant de se jeter dans l'eau, elle s'est mise à genoux pour adresser au bon Dieu une dernière prière. Elle lui a demandé pardon de disposer de sa vie; mais elle a dit qu'elle ne se sentait pas la force de se voir méprisée, humiliée par tout le monde, abandonnée par tout ce qu'elle aimait, lorsqu'elle n'avait aucune faute à se reprocher!... Quand elle a dit cela, elle ne pouvait deviner que quelqu'un l'entendait; elle se disposait à mourir... Eh bien, moi, je dis qu'alors elle ne pouvait pas mentir! Est-ce que je n'ai pas raison, monsieur?

Roncherolle tape sur l'épaule de Chicotin en souriant:

— Il ne raisonne pas mal, ce drôle-là... Et que fait-elle, ta petite protégée?

— Elle est bouquetière, monsieur... Mais j'y songe, vous la connaissez... c'est à elle que vous achetiez un bouquet la première fois que j'ai eu l'honneur de vous rencontrer et que vous m'avez dit de vous suivre...

— Ah bah! ce serait cette jeune fille si jolie, si gracieuse... car elle est d'une beauté remarquable, ta petite.

— Oui, monsieur, oui, c'est celle-là... Violette qu'on la nomme...

— Ah ça, mais attendons... puisque c'est celle-là... ce beau lion qui dit avoir été son amant, ce doit être un certain M. Jéricourt...

— Justement, bourgeois; Jéricourt, c'est son nom... un homme qui fait des pièces de théâtre; vous le connaissez!

— Je me suis trouvé à dîner avec lui il y a quelque temps.

— Le connaissez-vous beaucoup?

— Non, Dieu merci! Pourquoi me demandes-tu cela?

— Ah! pour rien... c'est-à-dire... je pensais que s'il

était de vos amis... Il aurait pu être moins menteur avec vous, v'là tout.

— Non... il n'est nullement de mes amis. Ah ça, et tu dis que cette petite est malade; a-t-elle de quoi se faire soigner, au moins?

— Oh! oui, bourgeois, elle n'est pas malheureuse, elle vendait tout ce qu'elle voulait, et puis, dame! elle a de l'argent de côté...

— Tant mieux! qui est-ce qui la soigne?

— Votre suissesse... la mère Lamort.

— Je ne sais pas si, comme docteur, on peut avoir grande confiance en elle. J'irai la voir, cette jeune fille, car ce que tu m'as dit m'intéresse en sa faveur.

— Ah! bourgeois, j'en suis fâché... mais ça ne se peut pas.

— Qu'est-ce qui ne se peut pas?

— Vous ne pouvez pas aller chez mam'selle Violette, parce qu'elle l'a défendu!

— Comment peut-elle l'avoir défendu? je ne m'y suis jamais présenté.

— Excusez, voilà la chose : c'est que... en causant avec elle ce matin, je me suis permis de lui parler de vous... je lui ai dit qu'elle avait un voisin bien aimable...

— Ah! tu dis de ces choses-là, toi?

— Que vous étiez ma pratique... A propos de pratique, bourgeois, faudra-t-il que j'aille porter un bouquet de votre part, chez madame de Grangeville, aujourd'hui?

— Non, non... c'est fini... tu ne lui en porteras plus... de ma part, du moins... Mais revenons à la bouquetière; tu lui disais donc...

— Je lui disais : Vous avez un voisin bien comme il faut... et... pas bête du tout...

— Vraiment, tu ne me trouves pas bête?

— Non, monsieur.

— Je suis très-flatté que tu aies cette opinion-là de moi.

— Vous croyez rire... mais je m'y connais, allez!...

— Et cette jeune fille ne veut pas me recevoir parce que tu lui as dit que je n'étais pas bête?

— Oh! c'est pas ça... j'avais dit : Si vous voulez, mam'selle, M. de Roncherolle ne refusera pas de venir, par-ci, par-là, vous tenir compagnie, et ça vous fera une fameuse société, et j'ai ajouté encore : Vous pouvez recevoir ce monsieur-là sans vous compromettre, parce que d'abord il n'est plus jeune... ensuite il est goutteux, et puis parce que...

— Va toujours, pendant que tu es entrain!

— Enfin, je voulais dire que vous n'avez pas l'air d'un coureur, quoi!...

— Il est certain que je courrais assez difficilement maintenant; et cet éloge pompeux que tu as fait de ma personne n'a pas disposé ta jeune fille à me recevoir?

— Non, elle a dit qu'elle n'avait pas besoin de compagnie... qu'elle aimait mieux penser toute seule...

— Alors, mon garçon, nous la laisserons seule; il ne faut contrarier personne, et surtout les malades.

M. de Roncherolle est rentré chez lui, et Chicotin retourne sur le boulevard, en se disant :

— Faut-il que j'aille à Nogent raconter à Georget tout ce qui s'est passé? Il ne pourra plus penser du mal de Violette... D'un autre côté, si je lui dis qu'elle est malade, il va s'inquiéter, se tourmenter... il voudra revenir à Paris, et ça déplaira peut-être à son bourgeois... je crois que pour aller voir Georget il vaut mieux que j'attende que Violette soit guérie!

Mais le lendemain, loin d'être mieux, la jeune bouquetière avait une fièvre plus violente et un peu de délire; c'est à peine si elle reconnaît Chicotin lorsqu'il vient la voir. Celui-ci dit à la portière, qui arrive avec plusieurs pots sous le bras :

— Il me semble qu'elle ne va pas bien, votre malade, mère Lamort?

— Oh! si! oh! si!...

— Comment! oh si!... à peine si elle reconnaît... si elle entend quand on lui parle... et puis elle dit un tas de choses qui ne se suivent pas...

— C'est le délire qui s'en va... mais je lui donne de

trois tisanes et... Ah! v'là *Mirontaine* qui aboie... c'est du monde...

Et la portière court passer sa tête à la lucarne du sixième qui donne sur la cour, en criant :

— Qu'est-ce qui est là?... Qu'est-ce que vous demandez?...

Un vieux bonhomme qui est entré dans la maison lève le nez en l'air et répond d'une voix tremblotante qui n'arrive que jusqu'au quatrième :

— Avez-vous un M. Dupuis dans la maison?...

— Hein!... de quoi?... s'il y a un puits dans la maison?...

— C'est un ancien avocat...

— Vous en faites vot' état?

— Il a plusieurs enfants...

— Vous cherchez un logement?

— Est-ce que vous ne descendrez pas?

— Vous cardez des matelas... hein?... qué chienne de voix, il est donc enrhumé, celui-là?... Ah! bon, v'là encore *Mirontaine* qui aboie... faut que je descende... On y va... qué scie!...

La portière est descendue, et Chicotin, qui examine toujours Violette, secoue la tête et se dit: Je ne sais pas s'il est prudent de s'en tenir aux trois tisanes de la mère Lamort... je ne m'y connais pas, moi, mais je vois bien que cette pauvre fille a une fièvre de cheval... Ah! tant pis, je vas chercher l'ancien d'au-dessous.

Chicotin descend chez Roncherolle, qu'il trouve disposé à sortir et qui lui dit en souriant :

— Tu viens encore voir s'il faut porter un bouquet chez la baronne... mais je t'ai dit que c'était fini, mon garçon... j'en suis fâché, mais je crois bien que je n'aurai plus de bouquets à envoyer à personne!...

— Non, bourgeois, non, c'est pas pour ça que je viens... c'est pour la petite voisine d'au-dessus... mam'selle Violette...

— Eh bien, comment va-t-elle aujourd'hui?

— Pas bien... elle bat la campagne... la portière dit que c'est bon signe, mais moi je ne suis pas de cet avis-là... et je venais vous prier... si vous vouliez avoir la bonté de venir la voir... parce que vous êtes plus en état qu'un autre de juger sa maladie...

— Tu penses donc qu'on voudra bien me recevoir aujourd'hui ?

— Pardi, puisqu'elle ne voit pas s'il y a du monde auprès d'elle et que tout à l'heure elle se croyait en pleine campagne, sous des arbres...

— Je ne suis pas médecin, moi, n'importe, je veux bien la voir, cette jeune fille, et si je puis lui être bon à quelque chose, je ne demande pas mieux ; conduis-moi.

— Venez, bourgeois, nous n'avons pas haut à monter.

— Je le pense bien.

Roncherolle suit le jeune commissionnaire, qui le fait entrer chez Violette. La chambre mansardée de la jeune fille n'était pas élégante, mais elle était propre ; les meubles qui la garnissaient étaient convenables et en bon état ; enfin rien en ce lieu n'annonçait la misère et ne venait attrister le cœur. Au contraire, dans deux vases de porcelaine assez élégants il y avait d'énormes bouquets de fleurs.

Roncherolle s'approche du lit bien blanc où est la malade, qui paraît alors en proie à un sommeil très-agité. Il lui prend une main qui est moite et brûlante, il lui tâte le pouls et secoue la tête en disant :

— La fièvre est très-forte... mais la peau n'est pas sèche... j'aime mieux cela... c'est moins dangereux...

— Vous n'aimez pas les peaux sèches ?

— Je te dis que je ne pense pas que cette fièvre soit dangereuse... Mais que vois-je là-bas sur cette cheminée ?

— Ce sont des fleurs... de la marchandise de mam'selle Violette...

— D'énormes paquets de fleurs dans la chambre d'une malade... mais il y a là de quoi la faire mourir, et je ne m'étonne pas qu'elle batte la campagne... ôte-moi tout cela bien vite... jette ces fleurs par la fenêtre...

— Ah ! c'est que mam'selle Violette adore les fleurs, et la mère Lamort, au lieu de les laisser dans un petit coin de la cour, près de la pompe, où la bouquetière les dé-

pose toujours, a dit hier : Je vais lui en monter deux
gros paquets, ça lui réjouira la vue tant qu'elle gardera
le lit.

— La mère Lamort me semble trop bien nommée... si
c'est comme cela qu'elle garde les malades, je lui en ferai
mon compliment. Emporte toutes ces fleurs, mon garçon,
et que l'on donne pour unique boisson à cette jeune fille
une infusion bien légère de tilleul avec quelques feuilles
d'oranger; je ne suis pas médecin, moi, mais j'ai dans
l'idée que cela suffira et que demain elle sera mieux.
Mais emporte toutes ces fleurs... qu'il n'en reste pas une
ici!...

Pendant que Chicotin prend à la hâte toutes les fleurs
qui sont dans les vases, Roncherolle considère la jeune
fille endormie et murmure :

— Ce serait dommage... elle est fort gentille, cette
petite... Où diable ai-je vu cette figure-là ?... Viens, mon
groom, laissons-la dormir ; je vais donner une danse à
la mère Lamort.

XXXVIII

La visite du voisin.

Le lendemain matin, Chicotin se présente d'un air ra-
dieux chez M. de Roncherolle en s'écriant :

— Monsieur, je viens vous dire que vous avez joliment
médeciné mam'selle Violette, aujourd'hui elle ne bat plus
la campagne, sa fièvre est bien moins forte, enfin elle se

sent beaucoup mieux ; elle m'a chargé de venir vous remercier et de vous dire qu'elle viendrait elle-même dès
qu'elle pourrait se lever.

— Me remercier ! et de quoi ?... parce que j'ai dit
qu'on lui fasse boire du tilleul... parce que j'ai fait ôter
les fleurs qui étaient dans sa chambre... mais le premier
venu en aurait dit autant !... Que la petite ne se dérange
pas pour si peu de chose. D'ailleurs, puisqu'elle va bien,
je monterai tantôt la voir... lui dire bonjour... Je pense
que cela ne m'est pas défendu maintenant ?

— Oh ! non, bourgeois... à c't'heure vous êtes un ami...

— Très-bien ; en ce cas tu lui annonceras la visite
de son ami du cinquième.

Dans le courant de la journée, Roncherolle monte
l'étage qui le sépare de la bouquetière. Il trouve la clé
sur la porte et entre chez la jeune malade, qui est alors
seule, la portière venant de descendre parce qu'elle a entendu aboyer Mirontaine.

Roncherolle s'approche doucement du lit, Violette ne
dormait pas, et déjà dans ses yeux on lisait le retour de la
santé. A dix-neuf ans le mal s'éloigne souvent aussi vite
qu'il est venu, c'est un orage qui ne fait que troubler un
beau jour, mais qui ne laisse pas de traces.

En voyant entrer dans sa chambre un monsieur qu'elle
ne connaît pas, la jeune fille ouvre de grands yeux tout
surpris et veut parler, mais Roncherolle la rassure bien
vite en lui disant :

— Mademoiselle, je suis votre voisin d'au-dessous... et
au fait je ne pourrais guère l'être d'au-dessus... pardonnez-moi de me présenter ainsi chez vous ; mais hier Chicotin m'a prié de monter parce qu'il était inquiet de
votre état, aujourd'hui il est venu me dire que la tisane
que j'avais ordonnée avait fait merveille, que vous étiez
presque guérie... Comme je ne me croyais pas capable
de faire une cure si rapide, j'ai voulu moi-même m'assu-
rer s'il m'avait dit vrai... mais si je vous dérange, si ma
présence vous contrarie... dites-le-moi franchement et je
partirai aussitôt...

Le ton poli et aimable de Roncherolle a sur-le-champ

dissipé l'embarras de la jeune fille, qui répond en souriant :

— Oh ! non, monsieur... cela ne me contrarie pas... C'est vous qui avez eu la bonté de monter hier... Chicotin me l'a dit... je serais allé vous remercier... excusez-moi... Prenez donc une chaise.

— Alors c'est entendu... je ne vous gêne pas... en ce cas je m'assois pour vous tenir compagnie un moment... vous le voulez bien ?

— Oui, monsieur... vous êtes bien honnête.

— Ne soyons plus sur le ton de la cérémonie... maintenant nous nous connaissons... Toutes les politesses sont faites, je suis un voisin qui vient causer avec sa voisine... et quand la voisine aura assez de causerie, elle mettra le voisin à la porte.

— Ah ! monsieur...

— Mais non, soyez tranquille, je saurai bien m'y mettre moi-même. D'abord, je vois avec plaisir qu'en effet vous allez beaucoup mieux... je gage que dans deux jours il n'y paraîtra plus...

— Oh ! je l'espère, monsieur ; je pourrai retourner vendre mes fleurs...

— Oui, mais il ne faut pas faire d'imprudence et trop vous presser de sortir. Je sais bien que garder la chambre n'est pas amusant quand on est seul... oh ! je connais cela... j'use trop souvent de cette faculté ! mais à mon âge les rêveries sont tristes, tandis qu'au vôtre elles sont couleur de rose !...

— Pas toujours, monsieur.

— Vous n'avez donc plus de parents ?...

— Non, monsieur, je n'en ai pas !...

— Pauvre fille... et le désespoir s'était emparé de cette jolie petite tête-là... et on voulait mourir...

— Quoi ! monsieur, vous savez ?...

— Oui, oui... Chicotin m'a tout conté... il aime beaucoup à jaser ce gaillard-là... il m'a dit que votre amant... non, je veux dire votre amoureux, avait cessé de vous parler parce qu'il croyait que vous aviez écouté un jeune homme élégant... vous voyez que je suis instruit...

— Ah ! monsieur, Georget me croit coupable... je sais bien que les apparences sont contre moi... mais je vous assure que M. Jéricourt ment... c'est lui qui avait préparé ce piége dans lequel je suis tombée...

— Un piége... voyons, pendant que nous sommes seuls tous deux, si vous me racontiez tout cela à moi... je ne serais pas fâché de connaître toute cette histoire... à moins que cela ne vous fatigue de parler cependant...

— Oh ! non, monsieur... d'ailleurs ce ne sera pas bien long.

Roncherolle rapproche sa chaise du lit de la jeune malade, afin qu'elle n'ait pas besoin d'élever la voix, et Violette prend la parole :

— Monsieur, il y a quelque temps, j'étais à ma boutique de fleurs, boulevard du Château-d'Eau...

— Oui, je la connais.

— Un domestique vient me commander un superbe bouquet et il me donne cent sous d'avance, en me disant : Il faudra porter ce bouquet chez madame de Belleval, boulevard Beaumarchais, n° 88 ; ayez soin de le monter vous-même chez cette dame, parce qu'elle veut vous en commander d'autres pour une noce... Moi, monsieur, j'ai accepté la commission... Écoutez donc, un bouquet de cent sous, cela en vaut la peine, nous n'en vendons pas souvent de ce prix-là sur le boulevard !... Le domestique s'en alla. Quand j'eus fait un superbe bouquet, je priai une voisine de veiller sur ma boutique et je courus à l'adresse qu'on m'avait donnée. J'arrive, je demande au concierge : «Madame de Belleval?» Il réfléchit un moment, puis me dit : « Montez au cinquième, la porte à droite... » Est-ce que je ne devais pas monter, monsieur?

— Mais jusqu'à présent je ne vois pas pourquoi vous auriez hésité ?

— J'arrive au cinquième ; je sonne à droite, une femme m'ouvre. Je demande madame de Belleval. — Entrez, me dit-elle. — Mais je n'ai que ce bouquet à

remettre... — Entrez toujours, reprend-elle, madame veut
vous parler, et elle m'ouvre un petit salon où je ne vois
personne, et où elle me laisse en disant : — Attendez, on
va venir... Est-ce que je n'aurais pas dû entrer, monsieur !

— Et pourquoi cela, mon enfant ? rien ne pouvait encore vous donner des soupçons.

— J'attends quelques instants, puis une porte s'ouvre ;
mais au lieu d'une dame je vois entrer M. Jéricourt... un
homme que je déteste et qui me poursuivait depuis
longtemps de son amour et de ses vilaines propositions..
c'est un élégant qui croit qu'une femme... et surtout une
bouquetière, ne doit pas lui résister...

— Je le connais ! passez, passez !...

— En reconnaissant ce monsieur, je devine que je suis
tombée dans un piége, je veux m'en aller, il me retient,
recommence à me parler de son amour, se met à rire
quand je lui reproche sa perfidie et ose me dire qu'il faut
que je sois sa maitresse, parce que je suis chez lui et que
personne ne viendra à mon secours... Oh! alors, si vous
saviez, monsieur, comme le désespoir et la colère me don-
nèrent des forces, je me mis à crier ; M. Jéricourt voulut
m'embrasser, mais je lui griffai la figure de telle sorte
qu'il n'eut plus envie de recommencer !... Il était furieux... mais il me laissa aller... et vous pensez bien,
monsieur, que je me sauvai tout de suite de chez lui.
Quand je sortis, il paraît qu'il y avait du monde sur son
carré, qu'un petit jeune homme louche, qui demeure en
fasse de sa porte, m'a vue sortir, tout émue, toute bouleversée... ah! c'est possible ! mais moi j'étais si heureuse
de m'en aller, si épouvantée du péril que je venais de
courir, que je n'ai vu personne... je n'étais plus au pouvoir de cet homme... c'était là mon unique pensée... et
j'ai dû descendre bien vite l'escalier !... Voilà toute la
vérité, monsieur ; voilà comment je suis allée chez
M. Jéricourt sans me douter que c'était chez lui que
j'allais... mais voilà exactement tout ce qui s'y est passé...
je vous le jure, monsieur, et que le bon Dieu m'empêche
à jamais de quitter ce lit si je vous ai menti en rien !

Roncherolle regardait attentivement la jeune fille pendant qu'elle parlait, et pour la première fois de sa vie peut-être, il se sentit attendri. Il serre la main de Violette dans les siennes, en lui disant :

— Je vous crois, mon enfant, je vous crois... il n'y a d'ailleurs rien d'invraisemblable dans votre récit, ce n'est pas la première fois qu'on attire ainsi une jolie fille dans un piége... c'est fort mal, cependant je pardonnerais encore à ce Jéricourt si, n'ayant pu vous séduire, il s'était avoué vaincu !... mais lorsque vous êtes sage... lorsque vous avez résisté à ses tentatives, aller proclamer partout qu'il a triomphé de vous... que vous lui avez cédé enfin... ah ! ceci va trop loin... que diable ! les hommes perdent assez de femmes qui le veulent bien ! il ne faut pas encore perdre celles qui ne le veulent pas.

— Ah ! monsieur ! que je suis aise que vous me croyiez !...

— Mais quand vous avez conté tout cela à votre amoureux, il n'a donc pas voulu vous croire, lui ?

— Il ne m'a pas laissée me justifier, il m'a fuie sans vouloir m'entendre...

— Calmez-vous, guérissez-vous... avant peu il vous rendra justice et vous demandera lui-même pardon de vous avoir soupçonnée.

— Vous croyez, monsieur ?

— J'en suis sûr.

— Ah ! vous me rendez bien heureuse, monsieur !...

— Je ne me croyais plus capable de faire le bonheur d'une jeune fille, et me voilà tout fier. Je suis bien aise que vous m'ayez conté toute cette histoire, ma petite voisine ; de votre côté, j'espère que vous ne vous en repentirez pas.

— Que vous êtes bon de prendre intérêt à moi, monsieur !

Et maintenant nous avons assez causé, je vous quitte ; reposez-vous, dormez et cela ira bien... mais surtout plus de fleurs dans votre chambre !...

— Oh ! non, monsieur, vous voyez qu'il n'y en a plus ici...

— Il y en a encore une... mais celle-là ne sera jamais malfaisante.

Roncherolle est parti et la jeune fille se rendort.

XXXIX

Amour pur.

Pendant plusieurs jours, le comte de Brévanne était venu inutilement sur le boulevard où se tenait ordinairement la jolie bouquetière. Enfin, après avoir été trois jours sans revenir à Paris, il s'y rend de nouveau, et cette fois, en approchant du Château-d'Eau, il voit Violette qui est revenue à sa place.

Violette n'a pas remarqué ce monsieur qui s'approche d'elle et qui s'arrête devant ses fleurs. Mais en levant ses yeux, en reconnaissant le protecteur de Georget, l'homme qui l'a traitée si durement et chassée de chez lui, la pauvre petite se sent frémir et elle n'a même pas le courage de prononcer un mot.

— Oui, c'est moi, mademoiselle, dit le comte en donnant à sa voix l'inflexion la plus douce ; je vous fais peur, je le vois, vous baissez les yeux... pour ne point rencontrer mes regards... ah ! ne craignez rien... vous n'y liriez plus l'expression de la colère... mais bien plutôt celle du repentir... car je me suis bien mal conduit avec vous, pauvre fille !... mais alors des souvenirs cruels éga-

raient ma raison... depuis j'ai senti combien j'avais été in-
juste... cruel pour vous... qui veniez me demandez aide
et protection... aussi, dès le lendemain de cette scène, je
suis venu ici pour vous demander pardon !...

— Pardon !... pardon !... murmure Violette qui n'ose
encore croire ce qu'elle entend et lève timidement les
yeux sur M. de Brévanne. Ah ! monsieur... il serait possible... vous ne me méprisez donc plus ?...

— Je ne vous ai jamais méprisée, mon enfant, j'ai fait
retomber sur vous une colère... qui ne devait pas vous
atteindre... car ce n'est pas vous qui êtes coupable... Encore une fois... voulez-vous oublier mon injustice?...
voulez-vous me pardonner ?

— Oh ! monsieur de grand cœur... je ne vous en ai jamais voulu... seulement cela m'avait rendu bien malheureuse...

— Et vous avez donc été malade, puisque vous ne veniez
plus vendre vos fleurs ?

— Oui, monsieur, j'ai été malade... Oh ! mais rien que
huit jours... c'est fini, je n'y pense plus...

— Vous êtes encore pâle et changée cependant.·

—·C'est la suite de la fièvre... mais je me sens mieux... et
à présent, monsieur, que vous m'avez dit que vous n'êtes
plus fâché contre moi... oh ! je me sens tout à fait bien...
il me semble que mes forces sont revenues, que ma santé
est comme autrefois...

— Je suis heureux d'entendre cela... car votre absence
de cette place m'inquiétait beaucoup... et si j'avais su
où vous logiez, j'aurais été y demander de vos nouvelles...

— Et... et... il est toujours avec vous, lui, monsieur ?

— Lui ?... Georget, n'est-ce pas ?...

— Oui, monsieur, Georget.

— Certainement, mais il ne m'a pas accompagné ; je
l'ai laissé à Nogent. Je dois aussi vous avouer, mon enfant, que je ne lui ai pas dit que vous étiez venue...
après ce qui s'était passé, j'ai compris que je lui ferais de
la peine... avant de lui rien dire je voulais vous revoir.

— Ah ! vous avez bien fait, monsieur.

— Au reste, comme voilà l'hiver qui approche, nous allons sous peu de jours revenir à Paris.

— Est-ce qu'il reviendra avec vous, lui ?

— Oui, je l'emmènerai... je l'occuperai ici... il a de l'intelligence, il écrit bien... ce serait dommage de le laisser commissionnaire.

— Et vous reviendrez bientôt monsieur ?

— Oui, alors... je compte vous revoir... vous ne craindrez pas de revenir chez moi... vous ne me garderez pas rancune...

— Oh ! non, monsieur... je serai à vos ordres...

— J'ai toujours à vous... certain mouchoir... je le garde comme un dépôt... mais ne craignez rien, je vous le rendrai lorsqu'il pourra vous être de quelque utilité.

— Oh ! je ne vous le demande pas, monsieur. Vous savez... mieux que moi... si je puis... si je dois espérer retrouver un jour mes parents... mais non... je ne les retrouverai jamais sans doute... et je ne dois plus penser à tout cela, n'est-ce pas, monsieur ?

— Vous viendrez me voir à Paris... la semaine prochaine je serai revenu... Georget vous en préviendra.

— Georget ! il me parlera donc !...

— Je crois qu'il ne demandera pas mieux ; car depuis quelques jours il est bien malheureux de ne pas venir à Paris, ce pauvre garçon !...

— Ah ! monsieur, que vous êtes bon de me dire cela...

Et deux larmes de joie brillent dans les yeux de la jolie bouquetière. Le comte lui fait un salut amical et s'éloigne en lui disant encore : Au revoir, laissant au cœur de la jeune fille tant de joie et de bonheur qu'il n'y avait plus de place pour qu'elle se souvînt de ses chagrins passés.

— Pendant que ceci se passait à Paris, Chicotin, voyant Violette revenue à la santé, était parti de grand matin à pied pour Nogent, afin d'apprendre à Georget tout ce qui était arrivé à la jeune bouquetière.

Chicotin avait trouvé son ancien camarade se promenant seul et triste sur la pelouse devant la maison du comte et regardant d'un air mélancolique la route de Paris par laquelle M. de Brévanne s'était éloigné sans lui dire de l'accompagner et se demandant ce qu'il allait faire à Paris si souvent.

En apercevant son ami, Georget avait poussé un cri de joie et courut se jeter dans les bras de Chicotin; alors celui-ci, sans se reposer, sans reprendre haleine, avait sur-le-champ raconté à son camarade tout ce qui était arrivé à Violette, son voyage à Nogent, son désespoir, sa maladie, et enfin sa guérison.

Pendant ce récit il serait difficile de peindre l'état de Georget; attentif, oppressé, pleurant ou poussant des cris de joie, tour à tour il s'écriait :

— Elle n'est pas coupable! quel bonheur!... pauvre fille... chassée... vouloir mourir. O mon Dieu!... mais je serais mort aussi, moi!...

Et il laisse à peine à son ami le temps de terminer son récit, il lui saute au cou, il le presse dans ses bras, l'embrasse, puis l'embrasse encore en balbutiant d'une voix étouffée par les sanglots :

— C'est toi qui l'as sauvée... c'est grâce à toi qu'elle ne s'est pas jetée dans le canal où elle aurait trouvé la mort... car le soir... si tard... on ne l'aurait pas vue... on ne l'aurait pas retirée de l'eau... ah! je t'aime presque autant qu'elle... je ne demande qu'une chose, c'est de pouvoir un jour te prouver ma reconnaissance!...

— Eh ben! eh ben... est-il bête! en v'là-t-il des mots pour une action toute simple... on voit une jeune fille qui veut se périr, on l'empêche, est-ce que ça ne se fait pas tous les jours ces choses-là!... le premier gamin en ferait autant.

— Ainsi, c'était bien elle qui était venue ici... ah! mon cœur l'avait deviné... mais il m'a trompé ce méchant homme... il m'a dit que ce n'était pas elle... parce qu'il l'a fait pleurer et qu'il l'a chassée durement!... Oh! c'est indigne, cela... et je ne resterai pas plus longtemps dans une maison où Violette a reçu un tel affront... attends-moi là Chicotin...

— Qu'est-ce que tu vas faire ?

— Mon paquet... et je m'en irai avec toi, et ma mère viendra nous rejoindre...

— Ah! en v'là encore des bêtises... qu'est-ce que c'est!.. tu veux quitter comme cela, sans même lui dire adieu, un homme qui ne t'a fait que du bien... qui, lorsque ta mère était malade, et que tu n'avais pas d'argent, t'a donné de quoi la soigner... qui t'a pris chez lui avec ta mère, qui vous a logés dans ce petit château où vous êtes comme des coqs en pâte... c'est toi-même qui me l'as dit... eh bien merci! ce serait du propre... et tu parles de reconnaissance... et c'est comme ça que tu veux te conduire avec ton bienfaiteur...

— Et que m'importe ce qu'il a fait pour moi, il a rendu Violette si malheureuse en la chassant d'ici, qu'elle voulait mourir... qu'elle serait morte sans toi!...

— Est-ce qu'il pouvait deviner cela? tu vois bien que ce monsieur connait les parents de Violette... que sans doute ceux-ci lui ont fait de vilains traits... et qu'il y a dans tout cela un embrouillamini dont nous ne connaissons pas le fin mot...

— Ça m'est égal, je veux aller à Paris, voir Violette, lui demander pardon de l'avoir soupçonnée...

— Pour ce qui est de ça, tu feras bien; mais ce n'est pas une raison pour quitter ton protecteur, pour mal te conduire avec lui... je ne veux pas, moi, et...

— Tais-toi... le voilà. M. de Brévanne revenait de Paris. Il aperçoit les deux jeunes gens. Il remarque le trouble, l'agitation de Georget, il devine une partie de la vérité, et va sur-le-champ à son protégé, lui dire en désignant Chicotin:

— Quel est ce garçon?

— C'est mon ami, monsieur, un ancien camarade... c'est Chicotin dont je vous ai parlé quelquefois...

— Ah! oui, je me rappelle... et que veut-il?

— Monsieur, il est venu me dire... m'apprendre... que Violette a voulu se jeter à l'eau... en sortant d'ici... d'où vous l'aviez chassée... car c'était elle, monsieur... c'était bien elle qui était venue... et vous m'avez dit que non... pauvre Violette!... sans lui elle n'existerait plus... et moi!... ah! ma mère n'aurait plus de fils...

Georget éclate en sanglots. Chicotin tourne son nez, sa

bouche, et fait ce qu'il peut pour ne pas pleurer comme son ami. M. de Brévanne, qui est lui-même vivement ému, frappe sur l'épaule de Chicotin en lui disant :

— Vous êtes un brave garçon... je ne l'oublierai pas.

Chicotin ôte sa casquette et passe le revers de sa main sur ses yeux et son nez.

— Et vous, Georget, reprend le comte, vous êtes bien irrité contre moi, n'est-ce pas ? mais votre jeune amie, Violette, vient de faire sa paix avec moi... est-ce que vous ne ferez pas comme elle ?

— Violette... monsieur vient de voir Violette... il serait possible !...

— Oui, mon ami, et ce n'est pas seulement d'aujourd'hui que j'ai voulu lui exprimer mes regrets de ce qui s'était passé... Dès le lendemain de ce jour fatal, je me suis rendu à Paris, et c'était pour la voir, mais elle n'était pas à sa place ; pendant plusieurs jours de suite vous avez dû voir que j'allais à Paris...

— C'est vrai, monsieur...

— C'était toujours dans l'espoir de rencontrer Violette... mais je ne la trouvais pas...

— Parce qu'elle était malade, monsieur, s'écrie Chicotin, parce qu'elle gardait la chambre dans son lit avec la fièvre.

— Je le sais, mon garçon, elle m'a dit tout cela tout à l'heure... car elle est à sa place aujourd'hui... et maintenant elle n'est plus fâchée contre moi... et elle espère que vous ne le serez plus contre elle, Georget, car je lui ai dit que vous iriez la voir... ai-je bien fait ?

Georget, qui passe aussi rapidement de la colère au dévouement que de la tristesse à la joie, prend une main de M. Brévanne et la serre avec force, en s'écriant :

— J'avais tort de vous croire méchant... j'aurais dû deviner que ce n'était pas possible... Ah! monsieur, permettez-moi d'aller tout de suite voir Violette, pour lui demander pardon de l'avoir crue coupable, pour lui dire que je n'ai jamais cessé de l'aimer...

— Aujourd'hui... mais il est déjà tard...

— Il n'est que quatre heures, monsieur, à six je serai à Paris... à dix heures je serai revenu... ah! vous le voulez bien, n'est-ce pas, monsieur?...

— Puisque je vous ai fait du chagrin, il faut bien que je le répare.

— Ah! monsieur...

— Allez, je dirai à votre mère que je vous ai donné une commission pour Paris... ne revenez que demain matin pour ne point vous exposer tard sur la route.

— Oh! merci, monsieur, merci mille fois!... viens, Chicotin, partons!...

— Mais je ne me suis ni rafraîchi, ni reposé, murmure le jeune commissionnaire en faisant la moue.

— Viens, viens, je te paierai à souper.

— Fichtre! faudra que le menu soit gros, alors...

— Tenez, mon garçon, dit le comte en mettant une pièce de vingt francs dans la main de Chicotin, voilà pour votre souper... c'est moi qui veux vous régaler, car Georget est bien capable de partir sans argent!...

— Oh! merci, bourgeois, nous allons nous en donner... n'est-ce pas, Georget? Eh ben, où est-il donc?... déjà là-bas sur la route... ah! mon Dieu, il est capable de me faire courir jusqu'à Paris.

Georget allait comme un Basque; Chicotin parvient cependant à le rejoindre, et tout en sautillant près de lui, dit:

— Nous allons prendre une petite voiture à Vincennes... j'ai de l'argent, M. Malberg m'a donné vingt francs... en v'là un brave homme...

— Pour quoi faire une voiture? nous irons plus vite à pied...

— Oh! non, par exemple... et quand même, est-ce la peine de nous échiner, d'arriver malades à Paris... ou de le devenir demain?... crois-tu que ça ferait plaisir à Violette?... Et d'ailleurs, maintenant, qu'est-ce qui te presse?... tu es sûr de la trouver... elle ne s'envolera pas...

— Ah! Chicotin! tu n'es pas amoureux, toi... tu ne sais pas ce que c'est que de revoir celle qu'on aime... et il me semble qu'il y a des années que je suis séparé d'elle...

— Ah! v'là un coucou... ohé! cocher... deux places pour Paris.

— En lapin si ça vous va?

— J'crois ben, nous adorons le lapin, nous.

Les deux amis sont montés près du cocher. A chaque instant Georget veut saisir le fouet et fouetter le cheval qui à son gré ne va pas assez vite. Le cocher défend son cheval et son fouet, Chicotin n'est occupé qu'à rétablir la paix sur leur banquette. Enfin, on arrive à Paris. Là, Georget dit à son ami:

— Tu m'attendras pour souper chez le marchand de vin au coin du faubourg du Temple... Au revoir.

Et il disparaît comme un éclair aux yeux de son camarade, qui se dit:

— Oh! cours tant que tu voudras à présent... je n'ai plus envie de te suivre... je n'ai pas l'intention de perdre la rate.

Georget ne se souciait pas que son camarade vînt avec lui trouver Violette: quand on a été longtemps séparé de celle qu'on aime, quand on a été en brouille avec elle, c'est sans témoin qu'on désire la revoir; il faut que le mystère, que le silence même président à cette entrevue, car on se parle avec les yeux autant qu'avec la voix, et tout témoin est de trop dans un si doux moment.

Georget approche du Château-d'Eau. C'est jour de marché aux fleurs, et quoique le temps soit déjà un peu froid, il y a encore assez de monde sur le boulevard pour que le jeune homme puisse arriver sans être vu de Violette. Il l'aperçoit enfin, mais il y a deux dames arrêtées devant son étalage et qui choisissent des bouquets. Il faut donc qu'il se contente de la regarder, de la dévorer des yeux, il s'approche encore cependant, en se tenant derrière les dames qui achètent. Tout à coup, en levant la tête, la jeune bouquetière aperçoit Georget immobile, la contemplant comme un pêcheur repentant regarde une madone. Violette rougit et pâlit tour à tour, mais les yeux de son jeune ami sont si expressifs, ils implorent si bien sa grâce, que la jolie bouquetière lui adresse le plus tendre regard, et ne pouvant encore lui parler, se met à couvrir de baisers un petit bouquet de violettes qu'elle laisse ensuite tomber à terre, et qui presque aussitôt est sur les lèvres de Georget.

Enfin, les personnes qui achetaient sont parties, et on peut se rapprocher.

— Violette, que je suis heureux de vous revoir... combien le temps m'a semblé long loin de vous...

— Et à moi, aussi Georget.

— Ah! Violette... je vous ai soupçonnée... je vous ai accusée... je sais que j'avais tort... me pardonnez-vous de vous avoir crue coupable?...

— Oui, je vous pardonne... car les apparences étaient contre moi, et maintenant encore pour preuve de mon innocence, vous n'avez que ma parole.

— C'est assez, et désormais je ne veux plus autre chose...

— Mais moi je voudrais bien pourtant forcer celui qui m'a calomniée à dire la vérité...

— Ne parlons plus de cela en ce moment... je suis si content.. je mourais d'ennui loin de vous, chère Violette... si vous saviez combien je vous aime!...

— Mon Dieu, Georget... j'ai bien senti que je vous aimais aussi... puisque votre abandon me causait tant de peine...

— Chère Violette... quel bonheur... vous m'aimez... vous me le dites... ah! il n'y a personne au monde de plus heureux que moi...

— Ah! je suis bien contente aussi...

— Violette, j'ai dix-huit ans à présent je puis bien vous épouser.

— Nous avons le temps, mon ami, maintenant que nous sommes sûrs de nous aimer... est-ce que nous pouvons désirer davantage?

— C'est égal, nous nous marierons... vous serez ma femme, Violette, vous le voulez bien, n'est-ce pas?

— Cette question! puisque je ne veux pas être à un autre...

— Oh! que c'est gentil, cela!

— Mais en attendant voilà la nuit... il se fait tard,

Georget; voulez-vous m'aider à ranger ma boutique et à emporter mes fleurs; comme j'ai été malade et que je ne suis pas encore bien forte, il ne faut pas que je reste tard dehors.

— Oh! vous avez raison, il ne faut pas exposer votre santé... donnez-moi toutes les fleurs, tous les paquets qui restent, je les porterai, et l'éventaire... et la chaise...

— Oh! non, Georget, je porterai bien aussi quelque chose...

— Je vous en prie, donnez-moi tout.

— Non, monsieur j'aurais l'air d'une paresseuse.

Les deux jeunes amants ont bientôt enlevé la boutique. Ils se dirigent vers la rue de Crussol, Georget ne se lassant pas de regarder Violette, et celle-ci souriant toujours à Georget.

— Vous avez donc changé de logement!

— Oui... maintenant c'est ici que je demeure... tout en haut... mais c'est gentil, et puis, la maison est bien honnête... j'ai dans la cour un petit coin où je mets mes fleurs près d'une pompe, elles sont au frais. Adieu, Georget.

— Comment nous allons nous quitter déjà!...

— Georget, vous savez bien que vous ne pouvez pas monter chez moi, vous qui êtes mon amoureux... ce ne serait pas convenable...

— Oh! je ne pense pas non plus à vous demander cela Violette, mais si après avoir déposé votre boutique dans votre cour, vous vouliez encore vous promener avec moi, là... sur le boulevard... il y a si peu de temps que nous sommes ensemble...

— Allons, je le veux bien... mais nous ne nous promènerons pas longtemps...

— Quelques minutes, voilà tout.

Violette va ranger son éventaire et ses fleurs, puis elle revient trouver Georget, passe son bras sous le sien, et tous deux vont ainsi se promener en causant, en se regardant, en se serrant l'un contre l'autre, plus heureux que les grands de la terre, plus heureux que les millionnaires, plus heureux que tous ceux qu'on envie! car l'amour pur et la jeunesse !... vous aurez beau chercher, vous ne trouverez rien au-dessus de cela.

Cependant la soirée s'avançait, et les deux amants, qui ne laissaient pas de se regarder, de se presser les mains, de se répéter qu'ils s'aimeraient toujours, ne pouvaient se décider à se quitter. Quand Violette disait : « Il faut que je rentre », Georget répondait : « Encore un moment. » Quand celui-ci craignait que son amie n'eût froid, celle-ci le rassurait en lui disant que la promenade lui faisait du bien.

Mais Chicotin, qui n'était pas amoureux et qui mourait de faim, attendait en vain que son ami vînt le rejoindre à l'endroit qu'il lui avait désigné. Las d'attendre, Chicotin va au marché aux fleurs ; il n'y trouve plus personne. Alors il se rend à la demeure de Violette et demande à la portière si la jeune bouquetière est rentrée, et madame Lamort lui apprend qu'après avoir déposé ses fleurs à leur place, sa petite locataire est ressortie au bras d'un jeune homme bien adolescent et bien gentil, en disant qu'elle allait revenir.

Chicotin s'assied sur une borne, murmurant : Pour une convalescente, mam'selle Violette est imprudente de se promener si longtemps le soir.

— C'est ce que je leur z'y ai dit ! s'écrie la portière. Mais comme Mirontaine aboyait, je crois qu'ils n'ont pas entendu.

Chicotin était depuis une demi-heure en sentinelle, lorsque M. de Roncherolle, qui rentrait chez lui, l'aperçoit et lui dit :

— Que fais-tu là, mon groom ?

— Bourgeois, j'attends mon ami intime Georget qui se promène avec mam'selle Violette...

— Ah ! ce Georget est donc ?...

— Celui qui l'aime tant... qui la soupçonnait fautive, et qui est venu aujourd'hui lui demander pardon... parce que moi aujourd'hui j'ai été tout lui conter à Nogent chez M. Malberg... votre ami... où il demeure...

— Chez M. Malberg... l'ami qui est venu me voir rue de Bretagne, n'est-ce pas ?

— Oui, bourgeois...

— Et qui est cause que j'ai déménagé... Ecoute, Chicotin, si tu t'avises cette fois de parler de moi à ton ami, et de lui dire que je loge dans cette maison... je te préviens que je te tirerai les oreilles de façon à t'en faire un cache-nez !...

— Soyez tranquille, bourgeois... oh ! je ne parlerai pas de vous ! je n'ai pas envie de vous obliger encore à déménager.

— Et tu feras bien...

— Ah ! voilà les amoureux qui reviennent enfin !...

— Je remonte chez moi alors...

— Et moi je vais souper !... c'est pas malheureux.

XI.

Encore des bouquets.

Six jours après cette soirée, M. de Brévanne était venu s'établir dans son logement de Paris; il avait ramené Georget et Pongo. La bonne mère Brunoy, qui se plaisait beaucoup à la campagne et qui commençait à comprendre que son fils devenait assez raisonnable pour pouvoir se passer d'elle, avait demandé à rester à Nogent, où Georget avait promis d'aller la voir deux fois par semaine.

Le lendemain de son retour à Paris M. de Brévanne va trouver Violette et lui dit :

— Ma chère enfant, je vais vous charger d'une commission ; celle-là n'est point dangereuse, c'est bien chez une dame que je vous envoie...

— Oh ! monsieur, du moment que c'est vous qui me l'ordonnez, j'irai partout où vous me direz.

— Eh bien, il s'agit encore d'un bouquet que vous allez porter ; vous le ferez très-beau, et vous irez chez madame de Grangeville, rue Fontaine-Saint-Georges, n° 19.

— Il suffit, monsieur.

— Ce n'est pas tout : vous monterez vous-même le bouquet et vous demanderez à le remettre vous-même à cette dame... vous entendez, vous-même ; je suis bien aise qu'elle vous voie. Il est probable alors qu'elle vous demandera de quelle part vous venez, vous lui répondrez que vous ne le savez pas, que c'est un monsieur qui vous a chargée de cette commission avec bien des compliments de sa part... si elle vous demande de lui faire son portrait, ayez bien soin de ne point faire le mien !... attendez...

Et le comte, cherchant dans sa mémoire à se rappeler les traits de M. de Merval, reprend bientôt :

— Vous lui direz... C'est un monsieur... dont la mise est élégante, la tournure distinguée, d'une taille moyenne... qui n'est plus jeune, mais qui en a presque l'air... un blond... au teint légèrement coloré, retiendrez-vous bien tout cela, Violette ?

— Je n'ai pas perdu un mot, monsieur.

— Je vous apprends à mentir, mais dans cette circonstance, je vous assure que cela est excusable. Tâchez de causer un peu avec cette dame... mais, dans la conversation, ayez bien soin de ne jamais prononcer mon nom et de ne point dire que vous avez été à Nogent ?...

— Cela suffit, monsieur.

— Si cette dame vous questionnait sur vous... sur votre famille, dites seulement que vous êtes un enfant abandonné... que vous n'avez jamais connu vos parents...

— Cette fois, je ne mentirai pas, monsieur.

— Non... mais n'en dites pas plus... ne parlez pas du mouchoir brodé... ne prononcez pas surtout les noms d'Evelina Paulauski !... Si je vous dis tout cela, pauvre fille, soyez persuadée que c'est dans votre intérêt !...

— Oh ! je n'en doute pas, monsieur... mais... pardonnez-moi cette question... est-ce que cette dame,.. aurait connu ma mère ?...

— Peut-être par elle parviendrons-nous à la retrouver, mais pour cela il faut d'abord qu'elle ignore toutes les particularités qui vous concernent... cela vous paraît sans doute bien extraordinaire, mon enfant, mais ayez confiance en moi... et si en effet... vous avez encore une mère... je vous la rendrai... oui, je vous la rendrai.

— Vous n'êtes donc pas sûr qu'elle existe encore, monsieur?

Le comte garde un moment le silence et répond enfin :

— Non... non... mais allez porter ce bouquet, Violette, n'oubliez rien de ce que je vous ai recommandé, et en revenant de chez madame de Grangeville, venez chez moi me raconter le résultat de votre commission.

Le comte s'est éloigné. La jeune bouquetière se hâte de faire un bouquet avec ce qu'elle a de plus coquet, de plus frais dans son étalage. Puis elle se met en route pour la rue Fontaine-Saint-Georges, toute surprise de l'émotion qu'elle ressent en faisant une commission aussi simple. Mais les recommandations du protecteur de Georget lui font penser que la personne chez qui elle va connaît le secret de sa naissance et elle se dit que c'est cette idée qui fait si vivement battre son cœur.

— Madame ! dit mademoiselle Lizida en ouvrant la porte du petit salon où se tient sa maîtresse, il y a là quelqu'un qui vous apporte un bouquet...

— Un bouquet!... on m'envoie un bouquet?...

— Oui, madame.

— Ah ! si c'est encore ce Savoyard qui vient de la part de M. de Roncherolle, je ne veux pas le recevoir... renvoie-le, lui et son bouquet... je ne veux plus avoir la moindre relation avec son maître... fi... il me dégoûte, cet homme...

— Oh ! madame, cette fois ce n'est pas le commissionnaire de l'autre qui vient... c'est une jeune fille bien gentille vraiment... et le bouquet est magnifique !... je suis
bien sûre que cela vient d'une autre personne...

— Tu crois?... alors c'est différent ; fais entrer cette
jeune fille.

Violette est introduite devant madame de Grangeville ;
la jeune bouquetière est émue, tremblante, un vif incarnat
colore ses joues, mais cette émotion ne fait qu'ajouter à
sa beauté, et en la voyant, la baronne s'écrie :

— Mais, en effet ! elle est fort gentille cette petite...
très-gentille même...

Violette fait la révérence et présente son bouquet.

— Vous m'apportez un bouquet, mademoiselle ?

— Oui, madame.

— Il est très-beau ce bouquet, très-gracieux, mais de
quelle part venez-vous ? car il faut bien que je sache qui
me fait cette galanterie.

— Madame... je n'en sais rien... moi !

— Vous n'en savez rien... Ah ! c'est-à-dire qu'on vous
a recommandé le secret... mais voyez-vous, entre femmes
ces secrets-là doivent toujours être transparents... voyons,
petite... Ah ! mais c'est qu'elle est vraiment fort jolie...
Qui vous envoie?... car enfin vous n'êtes pas venue de vous-
même chez moi.

— Madame, c'est un monsieur qui est venu me trouver
à ma place... à ma boutique...

— Ah ! vous êtes donc ?...

— Bouquetière, madame.

— Et où est-elle votre boutique... rue de la Paix ?

— Non, madame, boulevard Saint-Martin, près du
Château-d'Eau, j'étale en plein vent !...

— Ah ! pauvre fille, bouquetière en plein vent ! quel
malheur !... avec cette jolie tête !... Mais revenons : un
monsieur a été vous trouver, et vous a dit de m'apporter
ce bouquet ?

— Oui, madame.

— Et il ne vous a pas chargée d'autre chose pour moi?

— Non, madame... c'est-à-dire, il m'a dit: Vous ferez
aussi bien des compliments à cette dame de ma part.

— De sa part... et comment est-il ce monsieur? est-ce
qu'il marche avec difficulté, en s'appuyant sur une
canne?

— Non, madame, ce monsieur n'a pas de canne et il
marche très-bien.

— Ah! tant mieux... tant mieux!... vous me ras-
surez!... Et quel âge peut-il avoir à peu près cet inconnu?

— Madame, c'est un homme qui n'est plus jeune, mais
qui pourtant a encore l'air, la tournure d'un jeune
homme...

— Oh! très-bien... je suis sur la voie, c'est un monsieur élégant, fort bien mis, n'est-ce pas?

— Oui, madame, c'est un monsieur très-bien mis. Et sa
tournure est fort distinguée.

— La couleur de ses cheveux?

— Il est blond... le teint légèrement coloré...

— Assez! assez!... je sais parfaitement qui c'est maintenant.

Et madame de Grangeville, se penchant vers sa femme
de chambre qui est alors derrière son fauteuil, lui dit à
demi-voix:

— C'est toujours lui, j'en étais sûre... c'est M. de
Merval!... Eh bien, que regardes-tu donc avec tant d'attention, Lizida?

— Madame, je regardais cette jeune fille... et plus je
la considère... oh! c'est étonnant!... comment madame,
vous ne l'avez pas remarqué?...

— Quoi donc?

— Cette jolie bouquetière... car elle est jolie... n'est-ce
pas... madame?...

— Oui, très-gentille... après?

— Eh bien, madame, elle vous ressemble... oh! mais
elle vous ressemble beaucoup!...

— Tu trouves?... Oui... il y a en effet quelque chose
dans les traits... dans la bouche... oh! mais j'ai été mieux
que cela!...

Violette rougissait, et se sentait embarrassée en se voyant le point de mire des regards de la maîtresse et de la suivante. Comme on ne lui dit plus rien, elle fait la révérence en murmurant :

— Madame n'a plus rien à m'ordonner ?...

— Non, mademoiselle... Ah! c'est-à-dire, je vous prierai, si vous revoyez ce monsieur, de lui faire de ma part mille remerciments... de lui dire que, malgré le mystère dont il veut s'envelopper, je le reconnais toujours, et qu'il me serait bien agréable de le voir, afin de lui témoigner moi-même toute ma reconnaissance... saurez-vous bien retenir tout cela, petite ?

— Oh! oui, madame, j'ai de la mémoire...Je n'oublierai rien, je vous le promets.

— Très-bien... C'est vrai qu'il y a quelque chose... Quel âge avez-vous ?

— Dix-neuf ans, madame.

— Dix-neuf ans !...

Madame de Grangeville semble frappée de cette date, elle est un moment rêveuse, puis reprend :

— Comment, vous avez dix-neuf ans ! vous ne les paraissez pas... Avez-vous beaucoup de frères et de sœurs ?

— Non, madame, je suis... seule.

— Ah !... et votre mère vend des fleurs comme vous, sans doute ?

— Ma mère... je ne la connais pas, madame, je suis un enfant... abandonné.

Madame de Grangeville n'est pas maîtresse d'un mouvement d'émotion, mais bientôt elle se remet en disant :

— Que je suis folle !... il y a comme cela dans le monde une foule d'événements qui se ressemblent par quelques circonstances... Le plus original dans tout cela, c'est que cette petite me ressemble ainsi... c'est un jeu du hasard... mais l'autre, si elle existe, doit être dans le fond de la Picardie !

Puis, se tournant vers la jeune fille, la baronne reprend :

— Allez, petite, vous pouvez vous retirer... Ah ! mais... vous n'êtes pas payée peut-être... et vous attendez...

— Si, madame, je suis payée, je n'attendais rien...
que d'être congédiée...

— Elle ne s'exprime pas trop mal... Allez donc, et
n'oubliez pas ce que je vous ai dit pour M. de Merval...

— Pour M. de ?...

— Que je suis étourdie... moi qui lui dis son nom !...
J'ai voulu dire, pour le monsieur qui vous a chargée de
m'apporter ce bouquet.

— Je n'oublierai rien, madame.

Violette est partie tout émue par l'entretien qu'elle
vient d'avoir avec cette dame, et se demandant à elle-
même ce qui, dans cette entrevue toute naturelle, a pu
lui causer cette émotion. Elle se rend sur-le-champ chez
le comte, qui l'attendait avec impatience, et lui fait répéter dans ses moindres détails la conversation qu'elle a
eue avec madame de Grangeville.

— Comment trouvez-vous cette dame ? demande M. de
Brévanne à Violette quand celle-ci lui a tout conté.

— Cette dame... je la trouve très-bien... c'est-à-dire,
elle a dû être fort belle... ses traits sont fatigués... elle
n'est plus très-jeune, n'est-ce pas monsieur ?

— Non, sans doute. A-t-elle été aimable, affable avec
vous ?

— Oui, monsieur... elle a été très-polie... mais elle a
toujours l'air un peu fier...

— C'est bien, mon enfant, retournez à vos fleurs... la
semaine prochaine vous porterez un autre bouquet à madame de Grangeville.

— Cela suffit, monsieur, et faudra-t-il lui laisser
croire que cela vient d'un monsieur de Merval, car elle
est bien persuadée que c'est ce monsieur-là qui m'envoie
chez elle !...

— Il faut bien vous garder de la détromper.

En quittant le comte, la jeune bouquetière rencontre
Georget à qui elle fait part de ce qu'elle vient de faire,
et qui la reconduit à sa place en lui disant :

— Nous voici de retour à Paris. M. Malberg me fait
faire des écritures, des calculs, des courses ; mais cela ne
m'empêchera pas de vous voir tous les jours !... Ah ! que

je suis content ! tous les matins j'irai vous dire bonjour sur le boulevard, et le soir j'irai vous aider à emporter votre marchandise.

— Je le veux bien, Georget, mais à condition que cela ne vous dérangera pas dans votre travail !... Vous ne savez pas... je crois que M. Malberg me fera retrouver ma famille...

— Votre famille !... et qu'en avez-vous besoin à présent ?... est-ce que je ne vous en tiendrai pas lieu, moi ?

— Mais, Georget, on est toujours bien aise d'avoir une famille... et si j'avais encore ma mère...

— Votre mère !... puisqu'elle vous a abandonnée, c'est qu'elle ne vous aimait pas.

— Que sait-on ?... elle y a peut-être été forcée...

— Et si votre famille était riche... elle ne voudrait plus que je sois votre mari peut-être... Tenez, Violette, j'aime autant que vous ne retrouviez personne !

— Que vous êtes enfant, Georget !...

— Il y a aussi quelqu'un que je veux retrouver, moi !... mais celui-là... je le traiterai comme il le mérite...

— De qui parlez-vous, Georget ?

— De ce M. Jéricourt... qui vous a tendu ce piége... puis qui a été dire...

— Georget, je vous en prie, ne parlons plus de cela... vous êtes persuadé que je ne suis pas coupable, n'est-ce pas ?

— Ah ! Violette, pouvez-vous me demander cela !

— Eh bien, mon ami, ne vous occupez plus de cet homme... je ne veux pas qu'on se batte pour moi, entendez-vous... et s'il vous arrivait malheur... songez donc à votre mère, à moi !... vous voudriez donc nous faire mourir de chagrin ?... D'ailleurs je ne l'aperçois plus jamais, ce monsieur, il ne passe plus devant ma boutique...

— Et il fait bien !... car si je le voyais passer... mais je ne sais pas où il se cache maintenant, on ne l'aperçoit nulle part ; Chicotin n'est pas plus heureux que moi !... je suis allé à son logement, il a déménagé, on ne sait pas où il loge, il aura quitté le quartier.

— Georget, je vous en supplie, ne cherchez plus ce

monsieur... sans cela vous allez encore me rendre malheureuse... vous trouvez donc que je n'ai pas eu assez de chagrin !...

— Allons... c'est fini, mam'selle... je vous obéirai... mais voyez-vous, j'ai dix-huit ans sonnés à présent... je ne suis plus un enfant !... et je ne veux plus qu'on dise quelque chose sur vous.

Un mois s'est écoulé pendant lequel, chaque semaine, Violette a été porter un bouquet chez madame de Grangeville, qui est toujours persuadée que c'est M. de Merval qui lui fait cette galanterie.

Lorsque la jeune bouquetière revient de la rue Fontaine-Saint-Georges, M. de Brévanne s'informe avec soin de ce qui s'est passé entre elle et madame de Grangeville ; il veut que la jeune fille lui rapporte les moindres mots de leur conversation. Il ne comprend pas que la baronne ne témoigne pas plus d'intérêt pour Violette, plus de curiosité pour connaître quelques particularités sur sa naissance ; cette indifférence le surprend, il lui semblait qu'une voix secrète aurait dû parler au cœur de la baronne, et lui faire deviner que cette jeune fille était son enfant.

Un matin, M. de Brévanne vient de se rendre sur le boulevard du Château-d'Eau, dans l'intention d'envoyer encore Violette chez madame de Grangeville ; mais la jeune bouquetière n'est pas à sa place. Craignant qu'elle ne soit malade, le comte se dispose à retourner chez lui et à charger Georget d'aller savoir des nouvelles de Violette, lorsqu'en se retournant il aperçoit celle-ci qui arrive avec ses fleurs.

— Vous avez pensé que j'étais une paresseuse, n'est-ce pas, monsieur ? dit Violette en saluant le comte. Mais ne me grondez pas... ce n'est pas cela !...

— D'abord, mon enfant, je ne pense jamais rien de mal de vous. Seulement je craignais que vous ne fussiez indisposée...

— Oh ! non, monsieur... ce n'est pas moi qui suis malade... c'est un pauvre monsieur... si vous saviez comme il souffre... ah ! ça fait de la peine !...

— C'est quelqu'un que vous connaissez?

— C'est un voisin, un monsieur qui demeure dans ma maison, au-dessous de moi, et qui, lorsque j'ai été malade, moi, il y a quelque temps, a eu la bonté de monter me voir, de s'intéresser à moi, d'ordonner une tisane qui m'a guérie... et puis qui venait quelquefois me tenir compagnie ; il est donc tout naturel que maintenant je tâche de lui être utile, n'est-ce pas, monsieur?

— Certainement, et on ne saurait vous en blâmer, mon enfant.

— Avec ça, je crois bien que ce monsieur... oh! il ne veut pas le dire, mais je crois bien, moi, qu'il manque d'argent, et qu'il ne peut pas se donner tout ce qu'il lui faudrait pour se guérir...

— Vous croyez... mais si c'est un brave homme, s'il mérite, comme vous le dites, qu'on s'intéresse à lui, nous viendrons à son aide.

— Oh! monsieur, ce ne sera pas facile, allez !... c'est qu'il est très-fier ce monsieur-là... il ne veut pas qu'on lui prête de l'argent !... j'ai eu le malheur hier au soir de lui proposer d'aller faire faire une potion que le médecin lui avait ordonnée. Il m'a dit : Avec quoi allez-vous payer cette potion, je ne vous ai pas donné d'argent? Moi, je lui ai répondu : Mon Dieu ! ça ne fait rien... j'en ai, vous me le rendrez ; alors il m'a crié d'un ton presque colère : Je ne veux pas qu'on me prête d'argent ! je ne vous en ai pas demandé, je n'ai pas besoin de potion, je n'en veux pas, je ne veux rien. Et il n'y a pas eu moyen de lui faire entendre raison. A part cela, il est aimable, et dès qu'il souffre un peu moins, il a toujours quelque chose de drôle à dire. Ah ! dame, c'est que c'est un monsieur qui a l'air bien comme il faut... comme vous, monsieur, et peut-être a-t-il été riche comme vous !...

— De quoi est-il malade, ce monsieur?

— De la goutte, à ce qu'on dit...

— De la goutte... et son nom... savez-vous son nom?

— Oui, il se nomme M. de Roncherolle.

— Roncherolle !...

Le comte vient de prononcer ce nom avec une émotion,

un saisissement si visible, que la jeune fille en est effrayée. Elle balbutie :

— Qu'avez-vous donc, monsieur... est-ce que ce nom vous rappelle aussi des souvenirs pénibles... est-ce que vous connaissez mon pauvre voisin ?

— Oui... oui, mon enfant, je le connais... mais gardez-vous bien de lui parler de moi... de prononcer mon nom devant lui... car vous ne feriez qu'aggraver son mal.

— Cela suffit, monsieur, j'y ferai attention. Mais, moi, monsieur, est-ce que cela vous fâche que j'aille, quand j'ai le temps, soigner mon voisin ?

— Non, Violette, non... bien au contraire, prodiguez vos soins... vos attentions à ce M. de Roncherolle... loin de vous en blâmer je vous y engage... c'est votre devoir... car c'est toujours un devoir de venir en aide à son prochain. Mais, écoutez-moi encore : si, en causant, ce monsieur vous questionnait sur quelques particularités de votre famille... non... je veux dire ce que vous savez concernant la manière dont vous avez été confiée à votre nourrice... ne lui en dites pas plus qu'à madame de Grangeville !

— Je m'en souviendrai, monsieur.

— Tout ceci doit vous paraître bien singulier... mais croyez bien que c'est pour votre bonheur que je vous fais agir ainsi.

— Oh ! monsieur, vous me l'ordonnez, cela me suffit : n'ai-je pas mis en vous toute ma confiance ?

— Je vous en récompenserai, mon enfant. Au revoir.

— Vous partez, monsieur, vous n'avez rien à m'ordonner... vous ne voulez pas que j'aille porter un bouquet à madame de Grangeville ?

— Non... non... il vaut mieux que vous vous hâtiez de vendre vos fleurs et que vous reveniez prodiguer vos soins à M. de Roncherolle... madame de Grangeville peut se passer de bouquets, mais celui qui souffre ne peut pas se passer de secours.

Le comte a quitté la jeune bouquetière ; il rentre chez lui tout pensif, en se disant :

— Je vois dans tout ceci le doigt de la Providence !...

maintenant cette jeune fille se trouve chaque jour près de son père... de sa mère... et elle ne les connaît pas !... dois-je les lui rendre... et sont-ils dignes de sa tendresse, de son amour ?... Eclairez-moi, mon Dieu, et dictez-moi mon devoir !

XLI

Nouvelle manière de se venger.

Le temps était sombre et froid, une neige qui se termine en pluie y ajoutait une humidité pénétrante. Cependant la cheminée de la petite pièce où couchait Roncherolle ne contenait que deux minces tisons, que l'on avait rapprochés l'un de l'autre, mais qui ne donnaient aucune chaleur à l'appartement.

Roncherolle souffrait horriblement de sa goutte, et, comme il était seul alors, il ne se gênait pas pour se plaindre d'une façon très-énergique ; malgré sa résolution d'être philosophe, la douleur l'emportait quelquefois sur son courage ; mais lorsque Violette était près du malade, celui-ci faisait son possible pour dissimuler ses souffrances.

La jeune fille vient d'entrer. Elle tient d'une main une théière, de l'autre une tasse et un sucrier plein de sucre, elle s'approche du malade et pose tous ces objets sur la table qui est contre son lit.

— Me voilà, monsieur; je viens peut-être un peu tard ce matin... mais j'ai voulu avant de descendre faire chez moi cette tisane qu'on vous a ordonnée... je vous l'apporte, elle est toute bouillante... et vous allez en boire...

Roncherolle dissimule ses souffrances et tâche de sourire à Violette en lui disant :

— Que vous êtes bonne, ma chère enfant! que vous êtes complaisante pour quelqu'un que vous connaissez à peine... et qui n'a aucun droit à votre intérêt !

— Aucun droit... par exemple! et quand j'ai été malade, moi, est-ce que vous n'êtes pas venu me voir, vous... et vous ne me connaissiez pas du tout !... je serais bien ingrate si je ne faisais pas pour vous ce que vous avez fait pour moi!

— Quelle différence !... D'abord vous étiez à peine malade... et puis une jeune fille c'est toujours un plaisir de lui être utile !... tandis qu'un vieillard souffrant... cela n'est pas aimable...

— Oh ! que si que vous êtes bien aimable... quand vous ne souffrez pas trop... vous avez toujours des aventures, des histoires à nous conter. Mais comment cela va-t-il ce matin ?

— Toujours tout de même... un peu mieux...

— Oh ! non, je vois à votre figure que vous avez bien souffert cette nuit... que vous souffrez encore...

— Non, quand vous êtes là je souffre moins.

— Eh bien alors, il fallait me laissait passer la nuit près de vous comme je le voulais...

— Dieu m'en garde... que pour moi vous vous priviez de sommeil... que vous retombiez malade peut-être... Oh ! je ne le veux pas, et d'ailleurs, ma chère voisine, au mal que j'ai il n'y a rien à faire... il faut savoir souffrir.

— Je ne crois pas ça, moi... il doit y avoir des remèdes à tout... Buvez d'abord... Tenez, sucrez-vous.

— C'est singulier... ce sucrier est plein... et hier il me semble qu'il en restait à peine quelques morceaux...

Violette détourne la tête en répondant :

— Ah !... c'est que... vous en aviez encore... dans un papier... je l'ai mis avec.

Roncherolle regarde la jeune fille, mais celle-ci s'empresse d'aller ranger dans la chambre. Chicotin arrive alors, le nez rouge, et tapant dans ses mains, en s'écriant :

— Salut, bourgeois et la société. Comment que ça va ce matin, bourgeois ?

— Pas très-bien, mon garçon.

— La mère Lamort m'a chargé de vous dire qu'elle ne pouvait pas monter ce matin parce que Mirontaine ayant avalé un os qui ne veut pas passer est hors d'état d'aboyer et de garder la porte.

— Eh! mon Dieu, nous n'avons pas besoin de la portière, dit Violette, est-ce que je ne suis pas là, moi ?

— Mais vous, mon enfant, dit Roncherolle, vous avez votre commerce qui vous réclame, et je n'entends pas que pour moi vous négligiez vos affaires... il est même déjà tard, je crois, vous devriez être à votre place.

— Non, monsieur, il n'est pas tard; et d'ailleurs ce n'est pas jour de marché aujourd'hui, et par le temps qu'il fait, rien ne me presse! on ne vendra rien... il n'y aura personne dehors.

— Ah! ça c'est vrai qu'il fait vilain! s'écrie Chicotin, et froid !... ah! moi, j'ai le nez et les doigts gelés... mais il ne fait pas très-chaud non plus chez vous, bourgeois... bigre... c'est comme sur le boulevard...

— Eh bien, ranime le feu... mets du bois ?

— Ah! je ne demande pas mieux.

Chicotin regarde de tous côtés, puis il va dans la première pièce et revient en disant:

— Bourgeois, il y a une petite difficulté... c'est que je ne trouve pas de bûche... il paraît que la falourde est *fumée !*

— Déjà!... diable!... le bois va donc plus vite que le sucre !

— Ah! dame... ça se conçoit... c'est plus cher... parce que... tenez, bourgeois, une comparaison: pour quinze sous, vous avez trois ou quatre morceaux de bois... c'est plus gros qu'une livre de sucre... c'est vrai, mais c'est bien vite brûlé... dans votre journée c'est flambé ! tandis qu'avec une livre de sucre, vous avez pour longtemps à lécher et à siroter !

— Je me passerai de feu, dit Roncherolle. Dans mon lit, je n'en ai pas besoin... et ma petite voisine va s'en aller.

— Que vous êtes maladroit, Chicotin, dit tout bas Violette au jeune commissionnaire, il ne fallait rien dire, et quand vous avez vu qu'il n'y avait plus de bois dans l'autre chambre, il fallait monter chez moi... vous en auriez trouvé. Vous saviez que M. de Roncherolle ne veut pas qu'on lui prête rien... il faut donc lui venir en aide sans qu'il s'en doute... et moi je ne veux pas qu'il reste sans feu...

Chicotin secoue la tête en murmurant: C'est vrai ! je suis un imbécile !... mais dame ! je ne pouvais pas deviner... C'est égal, ne vous inquiétez pas... je réparerai ça... je trouverai un moyen de faire du feu...

— Monsieur, dit la jeune fille en s'approchant du malade, il me semble que le médecin qui est venu vous voir hier vous a indiqué un remède pour votre goutte...

— Les médecins ne connaissent aucun remède à cette maladie-là, ma voisine, plusieurs d'entre eux me l'ont dit eux-mêmes en causant avec moi...

— Ah ! par exemple... on m'a cité plusieurs personnes qui étaient radicalement guéries... ah ! je me rappelle... c'est du sirop de *Boubée* qu'on vous a dit de prendre.

— Oui, c'est possible...

— Monsieur, je vous en prie, prenez-en... quand cela ne ferait qu'apaiser vos souffrances, est-ce que ce ne serait pas déjà beaucoup ?

— Puisque vous voulez... j'en prendrai...

— Si vous voulez, monsieur, je ne resterai pas tard à ma place aujourd'hui et je vous en apporterai tantôt en revenant.

— Non, non, ma petite voisine, je ne le veux pas... car vous ne me dites jamais le prix des choses, vous arrangez tout cela... pour que ça ne me coûte presque rien ; mais je n'entends pas cela, je me fâcherais si vous continuiez à agir ainsi... je serais obligé de me priver de vous voir.

— Ah ! monsieur... vous auriez beau me le défendre, je viendrais tout de même !

Violette a dit cela avec tant de cœur, que Roncherolle sent une larme mouiller ses paupières. Il presse la main de la jeune fille et reprend d'un ton gai :

— On va vous obéir, voisine ; allons, Chicotin, mon groom, avance ici.

— Voilà bourgeois !

— Va chez le pharmacien au coin du boulevard, et demande du sirop de *Boubée*... te souviendras-tu de ce nom là ?

— Je crois bien... c'est pas difficile ! du sirop de *Poupée*.

— *Boubée*, nigaud, et non pas Poupée !

— Ah ! très bien.

— Attends... j'aime mieux te l'écrire.

— Au fait, ça vaut mieux, ma langue pourrait encore tourner.

— Tiens, voilà... et prends cette pièce de quarante sous-là... sur ma table ; j'aime à croire que tu auras assez !

— Espérons-le !... un méchant sirop... ça ne peut pas être si cher... pour quarante sous vous auriez fièrement de mélasse, allez... j'y cours tout de suite, bourgeois.

— Vous n'allez donc pas à votre place, petite voisine ? dit Roncherolle à Violette, qui est accroupie devant la cheminée et tâche de faire brûler les deux tisons, en y joignant tous les vieux papiers qui traînaient dans la chambre.

— Tout à l'heure, mon voisin, j'attendrai que Chicotin soit revenu.

— Et les amours, mon enfant, comment cela va-t-il ? vous êtes maintenant tout à fait raccommodée avec votre jeune amoureux, j'espère ?

— Oui, monsieur, oh ! Georget m'aime bien... il vient tous les jours me voir à ma place... je suis bien heureuse à présent... excepté quand Georget me fait peur.

— Comment ! votre amoureux vous fait peur...

— Vous allez me comprendre, monsieur : Georget n'a pas oublié les infâmes propos que ce M. Jéricourt a tenus sur moi... et le piége dans lequel il m'a attirée... alors, vous ne savez pas, monsieur... Georget a dit qu'il tuera M. Jéricourt.

— Il a raison... c'est un brave garçon ; à sa place, j'en dirais autant.

— Mais moi, je ne veux pas qu'il se batte ; car enfin, monsieur, ce n'est pas toujours celui qui a raison qui est vainqueur... et si Georget était tué... je serais bien malheureuse !

— Au fait, il ne faut pas que ce garçon s'expose... il est si jeune... dix-huit ans, m'avez-vous dit ?

— Oui, monsieur.

— Il ne doit rien connaître à l'épée ni au pistolet !

— Rien du tout, il se ferait tuer tout de suite.

— Patience, ma petite voisine... ah ! corbleu !... si je pouvais guérir ! mais j'entends Chicotin, je crois.

Le jeune commissionnaire revient d'un air tout penaud, et tenant à sa main sa pièce de quarante sous.

— Eh bien ! Chicotin, où est donc ce sirop ? lui dit Roncherolle.

— Le sirop, bourgeois, il est chez le pharmacien...

— Qu'est-ce que cela veut dire ?

— Ça veut dire que c'est une horreur !... figurez-vous qu'une petite bouteille pas plus grosse que mon poing !... c'est douze francs que ça coûte !

— Douze francs !

— Oui, monsieur, le sirop de Poupée douze francs, pas moins ! j'ai eu beau dire : Faites-m'en pour quarante sous dans un petit pot de pommade ! on m'a ri au nez, en me répondant que ça ne se détaillait pas... on m'a montré la bouteille qui est cachetée... avec le prix dessus. Alors moi je leur ai dit: Si ça guérit la goutte à ce prix-là, il n'y a que les gens riches qui peuvent se guérir ? On m'a répondu: il n'y a que les gens riches qui ont la goutte. Ah ! dites donc, bourgeois, en v'là une de bêtise! il me semble pourtant que vous n'êtes pas trop *calé*, vous !

Violette pousse encore Chicotin en lui disant bien bas :
Il fallait dire que le sirop n'était pas prêt, j'aurais été le
chercher, moi, et je l'aurais payé sans que M. Roncherolle
sût le prix.

— Mam'selle, il l'aurait su tout de même, puisque le
prix est collé sur la bouteille, il n'y aurait pas eu moyen
de le tromper... et c'est alors qu'il aurait juré !

Roncherolle s'est jeté la tête sur l'oreiller, il ne dit
plus rien. Chicotin lui présente la pièce de quarante sous,
en lui disant :

— Faut-il que j'achète autre chose avec ça, bourgeois ?

— Tu achèteras du bois, mon garçon, et tu feras du
feu, mais ce soir seulement ; car ma petite voisine vient
le soir me tenir compagnie, et je ne veux pas qu'elle gèle
chez moi... Maintenant laissez-moi, mes enfants, je n'ai
plus besoin de rien... et je vais tâcher de dormir.

Violette presse la main du malade et sort, le cœur
gonflé, la poitrine oppressée ; Chicotin la suit, en murmurant.

— Pauvre cher homme... ne pas pouvoir s'acheter ce
qui peut-être le guérirait... c'est pas gai, tout de même...
c'est égal, je reviendrai bientôt voir s'il a besoin d'autre
chose... moins cher...

— Et tu ne dépenseras pas ses quarante sous, Chicotin,
tu prendras du bois chez moi.

— Oui, mam'selle, mais qu'est-ce que je ferai de son
argent... je ne peux pas le lui rendre pourtant...

— Garde-le... cela servira pour autre chose qui serait
peut-être cher encore... et tu ne le diras pas... comme
aujourd'hui... Le savoir sans feu, par le froid qu'il fait...
et lorsqu'il souffre tant ! car aujourd'hui, je voyais sur ses
traits les efforts qu'il faisait pour cacher ses douleurs...
ah ! ça me donne envie de pleurer...

— Après tout, mam'selle Violette faut pas vous faire
du chagrin pour quelqu'un qui ne vous est rien, au fait...

— Ah ! il est si malheureux cet homme... sans parents...
sans amis... souffrant et pauvre... et puis... il y a des
personnes pour lesquelles on se sent tout de suite de l'a-

mitié... et ce monsieur-là, Georget n'en sera pas jaloux !
eh bien, je sens que j'ai pour lui une sincère affection...

— Je vas voir si Mirontaine est *guérite* et si la mère
Lamort peut monter.

Violette était depuis quelque temps à sa place, lorsque
M. de Brévanne vient l'y trouver et lui demande des nouvelles de son voisin. La jeune fille fait un récit exact de
la situation de Roncherolle, elle ne lui cache rien, ni ses
souffrances, ni les privations qu'il est obligé de s'imposer
ni sa fierté qui lui fait refuser tout service d'argent.

— Il est sans feu maintenant! dit Violette dont les yeux
se sont mouillés de larmes, et il ne veut pas qu'on en
fasse avant le soir, parce que le soir je vais lui tenir compagnie... pauvre homme!... et il n'a pas eu le moyen de
s'acheter ce qui, peut-être l'aurait guéri... ah! il est bien
malheureux !

Le comte a écouté attentivement la jeune fille ; la position de Roncherolle le touche plus qu'il ne veut le laisser
paraître. Il reste longtemps plongé dans ses réflexions,
puis dit enfin à Violette :

— Je voudrais par moi-même juger de l'état... de la
position de... ce monsieur... mais je ne voudrais pas qu'il
me vît.

— C'est bien facile, monsieur : d'abord M. de Roncherolle ne quitte pas son lit... on peut être dans la première
chambre, et voir dans l'autre, sans qu'il puisse vous apercevoir; ensuite il s'endort souvent, et j'ai bien soin de ne
point le réveiller.

— Eh bien, ce soir, j'irai... j'irai vous trouver avec
Georget...

— Ah! monsieur... que c'est bon de votre part... je suis
bien sûre que vous aurez pitié de mon pauvre malade...

— En votre faveur... c'est possible... mais pas un mot
sur moi, mon enfant !

— Oh! je suis muette, monsieur!... mais je suis bien
contente que vous veniez voir mon voisin.

Sur les huit heures du soir, Violette était installée chez
Roncherolle; celui-ci s'était assoupi quelque temps, et en
s'éveillant ses regards avaient rencontré ceux de la

jeune fille, qui, tout en travaillant à raccommoder le linge de son voisin, le regardait souvent pour voir s'il était endormi.

— En vérité, ma chère enfant, dit Roncherolle, vous êtes pour moi d'une bonté... qui me pénètre de reconnaissance... et me raccommode avec votre sexe; car, s'il faut vous l'avouer, je n'avais qu'une faible estime pour les femmes.

— Pourquoi donc cela, monsieur? est-ce qu'elles vous ont fait du mal?

— Pas précisément... mais elles sont causes que j'en ai fait, moi! cela revient au même.

— Mais non, monsieur, si elles ne vous l'ont pas conseillé?

— Elles n'ont pas besoin de nous conseiller de faire des sottises... elles nous y entraînent bien sans cela.

— Je ne comprends pas, monsieur.

— Tant mieux pour vous, mon enfant... Mais que faites-vous donc là?... Dieu me pardonne, je crois que vous raïstolez mes guenilles!...

— Dame... je n'avais rien à faire... et j'aime à m'occuper, moi... j'ai pensé que cela ne vous fâcherait pas... si je me permettais de faire quelques reprises à votre linge.

— Me fâcher!... ah! chère petite!... vous êtes trop bonne pour moi... mais on ne se fâche pas contre ceux qui montrent tant d'amitié... ah! quand je pense!...

Ici Roncherolle s'arrête et pousse un profond soupir. Violette lève les yeux sur lui en disant :

— Que pensez-vous donc, monsieur, qui vous fait ainsi soupirer?... Il ne faut point songer à des choses tristes quand on est malade...

— Je pense... chère enfant, que je pourrais avoir près de moi... ma fille... qui, j'en suis persuadé cependant, ne me soignerait pas mieux que vous.

— Votre fille!... comment, monsieur, vous avez une fille et elle n'est pas près de vous lorsque vous êtes malade, souffrant!...

— Si elle n'est pas près de moi... ce n'est pas sa faute à elle... c'est la mienne.

— Ah!... c'est donc vous qui l'avez éloignée... elle n'est-pas à Paris sans doute?

— Non... elle n'est pas à Paris.

— Pourquoi ne lui écrivez-vous pas de venir... de se rendre près de vous.

— Je ne veux pas la déranger.

— Quel âge a-t-elle, mademoiselle votre fille?

— Dix-neuf ans...

— Tiens, c'est comme moi!

— Ah! vous avez dix-neuf ans? et vos parents? je n'en vois jamais près de vous... ah! je me rappelle à présent que vous m'avez dit que vous les aviez perdus.

— Moi, monsieur, je n'ai jamais connu mes parents... je suis une enfant abandonnée!...

— Abandonnée... il se pourrait!... quel singulier rapprochement... et c'est à Paris que vous avez été abandonnée!

Violette, qui se rappelle les recommandations du comte, bulbutie:

— Je... je ne sais pas monsieur... je crois que oui...

— Pauvre petite... quel dommage!... ses parents ne savent pas quel trésor ils ont délaissé...

Roncherolle renfonce sa tête sur son oreiller, en se disant:

— Mais la mienne... je ne la connais pas... elle est peut-être belle et bonne aussi!... ah! si je pouvais la retrouver!... Oh! non... pourquoi?... pour lui faire partager ma misère?... Non... il vaut mieux...

Le malade s'est endormi. Violette attendait ce moment avec anxiété, car depuis quelques minutes, elle avait entendu du bruit dans la pièce d'entrée, et elle devinait qui ce pouvait être. Dès qu'elle est bien rassurée que Roncherolle sommeille, elle se lève bien doucement et ouvre la porte de la première chambre, où elle trouve M. de Brévanne et Georget.

— Mon voisin est endormi... vous pouvez entrer, monsieur, dit Violette au comte.

— Vous êtes bien sûre qu'il dort, mon enfant?

— Oui, monsieur... on l'entend bien, sa respiration est

pénible... pauvre homme! il paraît qu'il a horriblement
souffert toute la journée, et il profite d'un peu de relâche
dans ses douleurs pour se reposer.

— Mais vous causiez tout à l'heure...

— Oui, monsieur... ah! si vous saviez!... il a une fille,
ce pauvre monsieur, et il disait qu'il regrettait bien de ne
point l'avoir près de lui...

— Ah! il vous a parlé de sa fille?

— Oui, monsieur: concevez-vous qu'elle ne vienne pas
soigner son père qui est malade?...

— Et vous a-t-il dit pourquoi elle n'était pas près de
lui?...

— Non, monsieur, il a seulement dit que c'était de sa
faute. Mais entrez donc, monsieur... oh! il dort bien.

— Oui, je vais entrer... mon enfant, restez ici... causez
avec Georget... mais ne parlez pas trop haut.

— Oh! monsieur, il n'y a pas de danger, dit Georget,
nous nous comprenons bien rien qu'en nous regardant.

Le comte pénètre dans la chambre habitée par Roncherolle. Une seule chandelle, fort peu mouchée, éclaire
cette pièce et n'y projette qu'une clarté douteuse; cependant elle permet de distinguer un papier commun,
déchiré ou manquant à plusieurs places; une fenêtre
mal jointe, dépourvue de petits rideaux, et laissant voir un carreau cassé, mal remplacé par du papier.
Quelques méchants meubles en noyer, une couchette en
bois peint, sur laquelle est une grosse paillasse et un
matelas extrêmement mince. Sur la cheminée, un petit
miroir dans un cadre de bois, et dans le foyer deux petits
morceaux de bois qui brûlent à peine.

Tout dans cette demeure annonce la pauvreté, les privations; et le froid qu'on y éprouve, le vent que l'on entend siffler de tous côtés, augmentent encore l'impression
de tristesse que l'on doit ressentir en voyant un malade
habiter ce séjour.

M. de Brévanne a tout vu, tout examiné; puis il s'approche du lit et considère Roncherolle, dont les traits sont
encore plus altérés par les souffrances et les privations,

et qui, même en sommeillant, semble se débattre avec la douleur.

— Le malheureux! se dit le comte, est-ce donc là ce que l'avenir semblait lui promettre?... Doué de tous les avantages, possesseur d'une belle fortune!... voilà où ses passions l'ont conduit!... C'en est fait! je ne dois plus songer à cette vengeance que je voulais tirer de lui... le ciel s'est chargé de ce soin... et d'ailleurs je n'aurais plus le courage de priver Violette de son père... je ne sais si les hommes me blâmeront, mais quelque chose me dit que le moment est venu de pardonner.

Roncherolle vient de faire un mouvement et aussitôt le comte se hâte de sortir de la chambre et d'aller rejoindre les deux jeunes amoureux, qui n'ont pas trouvé le temps long.

— Eh bien, monsieur, vous l'avez vu? dit Violette; est-ce bien celui que vous connaissez?

— Oui, mon enfant; mais pas un mot sur ma visite!...

— Oh! ne craignez rien, monsieur!

— Venez, Georget, partons.

Georget trouve qu'il a eu bien peu de temps pour causer avec Violette, mais il n'ose pas faire une observation, et il s'éloigne avec le comte, après avoir pressé tendrement la main de son amie.

Le lendemain, sur les neuf heures du matin, Violette était encore chez son voisin, qui se sentait un peu mieux, et lui contait qu'il avait fait un rêve bizarre, lorsque Chicotin arrive, tenant à la main une lettre qu'il présente à Roncherolle.

— Pour vous, bourgeois; ça vient d'arriver, à ce que m'a dit votre suissesse.

— Qui peut m'écrire?... je ne connais pas ces caractères! dit Roncherolle tout en décachetant la lettre. Mais bientôt il pousse un cri de surprise:

— Mes enfants... vous ne devinez pas ce que contient cette lettre... écoutez:

« Monsieur,

« Un de vos débiteurs, M. de Juvigny, me charge de

vous envoyer mille francs à compte sur ce qu'il vous
doit... »

— Signé... Le diable m'emporte si on peut lire...
Dubois ou Dubosc... Mais le billet de mille francs est bien
dedans... le voilà !

— Ah! monsieur, quel bonheur!... que cela me rend
heureuse pour vous! dit Violette.

—Ah! cré nom d'un... Pardon, bourgeois, mais je suis
si content de vous avoir monté cette lettre-là...

— Merci, mes amis, merci... Je recherche dans ma
mémoire... Oui, de Juvigny me devait de l'argent... je ne
me rappelle plus au juste la somme... mais quand je me
suis informé de lui il y a quelques mois, on m'a dit qu'il
était en voyage!...

— C'est qu'il aura chargé cette personne de vous envoyer cela, monsieur...

— Ma foi, je ne comptais guère sur cette restitution.
C'est un argent qui m'arrive bien à propos... mais je n'en
reviens pas !

— Voyez-vous, monsieur, je vous disais bien que votre
rêve signifiait du bonheur.

— Bourgeois, vous pouvez joliment acheter du sirop
de Poupée à présent.

— Oui, mon garçon, et ma petite voisine voudra bien
me faire ce plaisir en me changeant ce billet. Tenez,
chère, enfant, voilà le billet... voilà ces mille francs...
qui me semblent tomber du ciel !

— Ah! je me doute bien d'où ils tombent, moi! se dit
Violette en sortant.

XLII

Le pâté.

Dix jours après la réception de la lettre qui contenait les mille francs, Roncherolle se promenait sur les boulevards, leste, guilleret, ne se sentant plus de sa goutte et enveloppé dans un élégant paletot bien chaud, un chapeau neuf sur la tête, des souliers vernis à ses pieds, enfin habillé avec un soin et une recherche qui le changeaient complétement et lui donnaient presque l'air d'un jeune homme.

Devant le théâtre du Gymnase, Roncherolle se sent prendre le bras; il se retourne et reconnaît son ancien voisin, le jeune Alfred de Saint-Arthur.

— Eh! bonjour, mon cher monsieur, enchanté de la rencontre!...

— Bonjour, mon cher monsieur de Roncherolle... Je ne puis plus dire mon voisin, car vous ne l'êtes plus. Vous êtes parti comme une fusée sans me prévenir... sans me laisser votre adresse... c'est mal cela... C'est-à-dire ce nigaud de Beauvinet... vous savez, le jeune homme de l'hôtel... m'a soutenu que vous demeuriez passage... je ne sais où... ah! elle est bonne celle-là! elle est bien bonne!

— Vous n'avez pas voulu me chercher à cette adresse-là?

— Oh! non... je ne donne pas là-dedans comme ce jobard de Beauvinet... Enfin, je me suis dit : Le voisin avait des raisons pour déménager et ne pas donner son adresse, ces choses-là arrivent tous les jours... je crois même que ça m'arrivera incessamment. C'est égal, je vous regrettais; parole d'honneur, je vous regrettais!

— C'est trop aimable de votre part...

— Mais il y a quelqu'un qui vous regrettait bien plus que moi encore.,. Vous ne devinez pas?

— Ma foi, non.

— C'est Zizi... vous savez... ma maîtresse Zizi Dutaillis!...

— Oh! je me la rappelle parfaitement... très-aimable petite femme!...

— Eh bien, vous avez fait sa conquête. Tous les jours elle me disait: Trouve donc M. de Roncherolle... fais-moi donc encore dîner avec M. de Roncherolle! je veux qu'il m'apprenne d'autres manières de faire ce que tu sais bien... Enfin je ne la vois pas qu'elle ne me parle de vous, c'est-à-dire que si vous étiez plus jeune et plus... plus frais, je serais jaloux de vous!

— Merci, merci mille fois!

— Ah ça, permettez que je vous fasse compliment...vous marchez très-bien... vous n'avez donc plus la goutte?

— Pas pour le moment : elle m'a tenu assez cet automne !

— Et vous avez une tournure... une tenue... Il est fort bien fait ce paletot que vous avez là... bien coupé... joli drap... il est ouaté...

— Comme vous dites.

— Parole d'honneur! ce n'est pas pour vous flatter, mais avec ce paletot-là vous avez dix ans de moins !

— Je suis bien fâché de n'en avoir qu'un alors.

— Ah ! à propos, je vous dirai que j'ai profité de vos leçons... vous savez... la manière de boire le champagne... deux verres l'un sur l'autre, dans une assiette...

— Oui, eh bien?

— J'y suis arrivé... je le fais... j'ai bien cassé une douzaine de verres, mais j'y suis parvenu... votre élève vous fait honneur.

— Je n'ai jamais douté de votre capacité... pour boire le champagne.

— Ce n'est pas tout : vous savez mon cacatoès... dont je faisais l'éducation... et qui amena notre connaissance...

— Oh ! je m'en souviens... est-ce qu'il est mort ?

— Non pas, vraiment : il se porte comme vous et moi ! mais le ravissant c'est que je suis encore arrivé.

— Décidément vous avez fait beaucoup de chemin depuis que nous nous sommes vus.

— Mon cacatoès dit maintenant ce que je voulais...

— Bonjour, monsieur Brillant, je crois ?

— Non, diable !... c'est qu'il disait trop cela !... Il dit, depuis hier seulement, vous voyez que ce n'est pas vieux : C'est Dutaillis qui est gentille ! Applaudissez, claquez Zizi !

— Ah ! s'il dit tout cela, c'est fort joli ; votre maîtresse doit être enchantée !

— Je ne le lui ai pas encore donné, parce que ce n'est que d'hier qu'il dit bien toute la phrase ; alors vous comprenez que je veux, avant de le donner à Zizi, être certain qu'il ne se trompera plus, qu'il ne fera pas de boulettes.

— C'est assez prudent de votre part...

— Ah ! une idée... une jolie idée qui me vient !

— Diable ! tâchez de la retenir.

— Il faut que vous soyez assez aimable pour dîner avec Zizi et moi... D'abord vous nous devez encore des leçons de champagne.

— Ah ! vous êtes fort engageant, mais...

— Ecoutez bien : pendant le dîner, je fais apporter mon cacatoès dans... n'importe quoi... je trouverai quelque chose... et il débitera son compliment à mon épouse... vous savez, on dit mon épouse maintenant en parlant de sa maîtresse, et, de son côté, elle dit mon époux !

— Je ne savais pas, mais j'avoue que j'aimais mieux toute autre chose que cela.

— Et que dites-vous de mon idée pour l'oiseau ? Voyez-vous la surprise de Zizi, qui s'entend dire un compliment et qui ne sait pas d'où ça part !

— Mais oui, cela peut être assez drôle.

— Ainsi c'est arrangé, nous dînons ensemble... après-demain... Oui, encore deux jours, et je serai bien sûr que mon cacatoès ne se trompera pas !... nous dînerons rien que nous trois, pour rire à notre aise... pour dire des gaudrioles... toujours chez Bonvalet... C'est convenu, n'est-ce pas, mon cher voisin ? Je dis mon cher voisin par habitude.

— Permettez, monsieur de Saint-Arthur, votre invitation est certainement très-aimable, mais...

— Oh ! point de mais !... Zizi sera si contente de dîner encore avec vous !... Vous ne pouvez pas refuser...

— J'accepte, mais à une condition...

— Voyons... qu'est-ce ? parlez... j'y souscris d'avance !

— Eh bien, c'est que votre ami, M. Jéricourt, sera aussi du dîner, comme l'autre fois.

— Ah bah ! vous m'étonnez... vous voulez que Jéricourt soit des nôtres ? j'avais cru qu'il ne vous plaisait pas, au contraire.

— Je vous le répète, si vous voulez m'avoir, ayez aussi ce monsieur... j'ai des raisons particulières pour désirer me retrouver avec lui.

— C'est différent ; alors je l'inviterai... nous l'aurons. Je le vois moins depuis quelque temps... Il demeure dans la Chaussée-d'Antin. Il fait beaucoup d'embarras parce qu'il a une pièce reçue à correction... à l'Odéon ! C'est égal, il viendra.

— Ne lui parlez pas de moi ; je crois que cela l'engagerait peu à venir.

— Je ne lui parlerai que de l'oiseau.

— Ce que je vous demande ne contrariera pas mademoiselle Dutaillis, j'espère ?

— Elle !... pourquoi donc ? Elle fera endêver Jéricourt, et nous rirons. Maintenant je puis compter sur vous ?

— Entièrement.

— Alors à après-demain, cinq heures et demie, chez Bonvalet.

— Je n'y manquerai pas.

Saint-Arthur serre la main à Roncherolle et le quitte ; ce dernier continue sa promenade, mais plus lentement, et comme quelqu'un qui est trop préoccupé pour voir ce qui se passe autour de lui.

Le surlendemain, vers les cinq heures de l'après-midi, Roncherolle, qui a mis beaucoup de soin dans sa toilette, se dirige vers l'étalage de la jolie bouquetière du Château-d'Eau.

Violette accueille son voisin avec un gracieux sourire, en lui disant :

— Ah! monsieur, quel plaisir de vous voir ainsi maintenant ; comme vous avez bonne mine ! on ne se douterait plus que vous avez été si malade.

— Si j'ai recouvré la santé, c'est grâce à vous, ma chère enfant, grâce à vos soins, à votre aimable compagnie...

— Ah! monsieur, vous oubliez ce sirop qui vous a fait tant de bien... qui vous a guéri !

— Peut-être le sirop y est-il pour quelque chose... mais vous y êtes pour bien plus, vous!

— Et vous allez vous promener, monsieur ? Il fait froid, mais assez beau.

— Je vais dîner en ville, ma petite voisine ; un festin chez M. Bonvalet, rien que cela !

— Ah! monsieur, soyez sage alors ; vous savez qu'avec la goutte on dit qu'il ne faut pas de champagne.

— Puisque je ne l'ai plus.

— Mais si cela la faisait revenir ?

— *Il ne faut pas prévoir les malheurs de si loin!* au reste je serai sage, et, pour ne point oublier vos conseils, je vous demande un petit bouquet de violettes.

— Oh ! avec plaisir, monsieur... Tenez, celui-ci, est-il assez gros ?

— Bien assez : ayez la complaisance de l'attacher solidement à ma boutonnière.

— Volontiers... là... voilà qui est fait... je vous réponds qu'il ne s'en ira pas... C'est gentil ! vous avez l'air d'être mon chevalier, à présent.

— Je le suis aussi, mon enfant, répond Roncherolle en appuyant sur ses paroles, et j'espère en remplir les devoirs.

— Tiens ! comme vous dites cela !

— Au revoir, chère voisine, au revoir !

La jeune bouquetière suit des yeux Roncherolle, en proie à une émotion dont elle ne peut se rendre compte, et murmurant encore : « Comme il a dit cela !... Oh ! je gagerais qu'il a quelque intention en portant ce bouquet à sa boutonnière. »

Cependant Roncherolle, qui ne veut pas se faire attendre, est bientôt chez Bonvalet, où il trouve la jeune actrice et Saint-Arthur. Mademoiselle Zizi témoigne tout le plaisir qu'elle éprouve à se retrouver avec son professeur de champagne, et lui dit, en l'examinant des pieds à la tête :

— Mais que nous sommes donc gentil ! que nous sommes donc coquet ? On marche presque sans boiter, on a une tenue *chicarde !*... Vous vous soignez, vous, tandis qu'Alfred se néglige.

— Comment ! je me néglige ?

— Oui, monsieur ; depuis quelque temps vos nœuds de cravate se tiennent mal... vos pantalons ne se pincent plus si bien.

— On ne les porte pas collants.

— Si je veux que ça pince, moi... il me semble que vous devez adopter mes goûts ! Ah ! le joli bouquet de violettes que vous avez là, mon ancien ! d'où cela vous vient-il, vieux Cupidon ?... d'une belle, je gage ?...

— En effet, cela me vient d'une jeune fille charmante.

— Ah ! voyons l'historiette ; contez-nous cela ?

— Je vous la conterai, mais pas à présent, au dessert, si vous le permettez ; elle n'en aura que plus de charme.

— Eh bien, va pour le dessert... Ah ça, vous avez donc voulu dîner avec Jéricourt ? Quand Alfred m'a dit cela, je vous avouerai que j'en ai été très-surprise... vous vous accordiez si peu l'autre fois... Je me suis dit : Il y a quelque chose là-dessous ; M. de Roncherolle a imaginé quelque plaisanterie... quelque bonne farce qu'il veut jouer à Jéricourt... Ai-je raison?

— Je ne dis pas non... mais ne m'en demandez pas plus, je vous réserve encore cela pour le dessert.

— Eh bien, il paraît que nous rirons au dessert.

— Oui, oui, dit Saint-Arthur en jetant des regards d'intelligence sur Roncherolle. Oh! notre dîner sera amusant... et nous rirons, je l'espère, avant le dessert. Nous aurons des surprises... des choses inattendues.

— Qu'est-ce qu'il veut dire, cet imbécile-là?... Il se donne un air mystérieux... Frefred, j'ai idée que tu me ménages une galanterie... est-ce vrai, mon adoré?

— Je ne puis rien dire... on verra!

Cette conversation est interrompue par l'arrivée de Jéricourt. Ce monsieur semble un peu surpris en apercevant Roncherolle; cependant il ne laisse paraître aucune contrariété et salue en souriant toute la compagnie.

— Ah!... Jéricourt qui ne se fait pas attendre aujourd'hui!... c'est magnifique! s'écrie Zizi. Mais il faut qu'il lui soit arrivé quelque chose d'extraordinaire...

— Il ne m'est arrivé que le désir d'être plus tôt près de vous, belle dame.

— Eh bien! qu'est-ce que je disais! voilà l'extraordinaire.

Pendant que l'homme de lettres échange quelques paroles avec la jeune artiste, Saint-Arthur s'approche de Roncherolle et lui dit à l'oreille :

— J'ai trouvé quelque chose de charmant pour mon oiseau, pour qu'il soit ici et qu'il parle sans être vu...

— Ah! qu'est-ce donc?

— Un pâté... vous savez... comme au théâtre, on l'apportera sur la table... et le cacatoès sera dedans.

— En effet cela peut être drôle... seulement, au théâtre les pâtés en carton peuvent faire illusion; mais ici, vu de près, je crains que cela ne manque son effet.

— Oh! j'avais prévu cela... aussi ce sera une véritable croûte de pâté. J'ai donné mes ordres à Beauvinet, il a dû porter l'oiseau chez un excellent pâtissier, qui l'enfermera dans la croûte, et Beauvinet nous apportera le pâté tout à l'heure.

— Alors, c'est différent... l'illusion sera complète.

— N'est-ce pas que c'est ingénieux?

— Mais ne craignez-vous pas que votre cacatoès n'étouffe dans le pâté?

— Pourquoi? on les enferme bien dans des cages.

— Il me semble qu'ils y ont plus d'air.

— Bah! pour peu de temps... D'ailleurs, j'ai dit à Beauvinet de recommander qu'on fasse des petits trous en haut pour qu'il ait du jour... et qu'on l'entende bien.

— Alors, tout est pour le mieux.

On se met à table. Jéricourt se tient avec Roncherolle sur la grande cérémonie; cependant, de temps à autre, il attache ses regards sur le bouquet de violettes que ce dernier porte à sa boutonnière, et alors un sourire passablement moqueur effleure ses lèvres; mais Roncherolle ne fait pas semblant de s'en apercevoir.

— Le leçons de champagne seront pour le dessert, dit Saint-Arthur, parce que cela met toujours un peu de désordre dans le service. On en répand sur soi... il vaut mieux attendre.

— Ça m'est égal, dit Zizi; maintenant je veux bien attendre, je me suis prise de passion pour le madère.

— Et monsieur vous ménage sans doute quelques leçons encore plus originales que les dernières, dit Jéricourt en s'adressant à Roncherolle.

— Oui, monsieur, en effet, je vous ménage une leçon à laquelle je crois que vous ne vous attendez pas.

Cependant, après le premier service, Saint-Arthur laisse paraître une vive impatience, et à chaque instant il sonne le garçon et lui dit:

— Est-ce qu'il n'est venu personne me demander?... est-ce qu'il n'y a pas quelqu'un là pour moi?

— Non, monsieur, personne n'est venu.

— Diable... on tarde bien...

— Comment! vous attendez encore du monde? dit Jéricourt...

— Oui... c'est-à-dire... j'attends quelque chose pour le dîner.

— Une surprise qu'il me ménage, dit Zizi ; je ne devine pas ce que c'est, mais j'aime à croire que ce sera superbe !

Enfin, le garçon annonce :

— Monsieur, il y a là un homme avec un pâté.

— Ah! très-bien... bravo... faites-le entrer.

— Comment! ta surprise est un pâté? s'écrie la jeune femme. Mais cela n'a pas le sens commun... je n'aime point le pâté à dîner, moi !

— Celui-ci, chère amie, ne ressemble pas aux autres. Allons, Beauvinet, arrivez donc?

Le vieux jeune homme de l'hôtel se présente tenant sur un plat un fort beau pâté, qu'il porte comme s'il tenait les clefs d'une ville ; il le place sur la table, regarde tout le monde d'un air content de lui, puis tire sa perruque sur son oreille gauche.

Tout le monde regarde le pâté, qui a fort bonne mine. Arthur a l'air enchanté, il se dandine sur sa chaise en s'écriant :

— Ah! j'espère que c'est ça !...

— Il est très-beau, ce pâté! dit Jéricourt. D'où vient-il ? de Strasbourg ?

— Oh! non... pas de si loin !

— Voyons, Frefred, dit Zizi, si ce pâté est si délicieux... entamons-le et goûtons-en.

— Minute, chère amie, minute... cela ne s'entame pas comme ça... je demande un peu de silence et d'attention d'abord.

Et le jeune amphitryon, approchant sa tête du pâté, dit à demi-voix :

— C'est Dutaillis qui est gentille... Allons, Coco, allons !...

— Comment! voilà Alfred qui parle au pâté, à présent! s'écrie Zizi en ouvrant de grands yeux.

— Silence, ma chère amie !... silence donc !... Allons, Coco, c'est Dutaillis... ferme...

Mais c'est en vain qu'on écoute, qu'on attend : le pâté garde le plus profond silence.

— Est-ce que tu joues au proverbe avec un pâté, mon bibi ?

— Oui, je joue... c'est-à-dire.... c'est le pâté qui va parler.

— Le pâté va parler !... ah ! je voudrais bien l'entendre, par exemple...

— Un peu de patience... Je ne conçois pas ce qu'il a... il se sera endormi là-dedans. Coco... Coco... c'est Dutaillis qui est gentille. Ah ! tu ne veux pas parler ! je vais te réveiller, moi...

Et Saint-Arthur, prenant le gros pâté à deux mains, se met à le secouer de toutes ses forces ; puis le remet sur la table en lui disant.

— Parleras-tu à présent, animal ?

Pendant qu'on fait encore silence, M. Beauvinet se permet de se moucher, ce qui lui attire de vertes réprimandes de son locataire.

— Mais qui donc appelles-tu, animal, et quel est celui qui doit être dans ce pâté ? demande mademoiselle Zizi, qui commence à s'ennuyer de faire silence pour rien.

— Eh bien, ma chère amie, c'est un perroquet, un cacatoès magnifique et auquel j'ai appris à dire : C'est Dutaillis qui est gentille... applaudissez, claquez Zizi !...

— Ah ! pauvre bête !... il serait possible... mais il doit étouffer là-dedans ; voilà pourquoi il ne parle pas... M. de Roncherolle, enlevez bien vite la croûte de dessus !...

— Les fenêtres sont-elles fermées ? s'écrie Saint-Arthur. Il faut prendre garde qu'il ne s'envole... assurez-vous-en, Beauvinet.

Beauvinet fait une singulière figure et ne bouge pas.

— J'ai bien idée qu'il ne s'envolera pas, dit Roncherolle en promenant son couteau autour de la croûte du pâté.

— Prenez garde... attention... n'enfoncez pas le couteau pour ne point attraper l'oiseau...

— Il n'y a pas de danger.

Enfin la croûte de dessus est enlevée, et rien ne sort

du pâté. Tout le monde avance la tête pour regarder dedans ; mais, au lieu d'un oiseau vivant, on n'y voit que ce qui se trouve toujours dans l'intérieur d'un pâté de volaille : de la gelée, de la farce qui entoure la pièce principale, laquelle est surmontée d'une barde de lard.

Saint-Arthur est pétrifié ; ses convives retiennent avec peine leur envie de rire.

— Qu'est-ce que cela signifie, Beauvinet ? où est mon oiseau, mon cacatoès, qu'en avez-vous fait !

— Il est là-dedans votre oiseau, monsieur... j'en ai fait ce que vous m'avez dit : je l'ai porté chez le pâtissier en lui disant de le mettre dans un pâté....

— Ah ! malheureux !... misérable !... comment vous n'avez pas compris ? Je vous ai dit : C'est seulement pour l'entourer de croûte...

— Il n'est entouré que de ça aussi...

— J'ai ajouté : Il faudra faire des trous en haut pour lui donner de l'air pour qu'on l'entende bien.

— J'ai entendu : Pour qu'on le sente bien ; et le pâtissier a dit : Je ne fais jamais de trous à mes pâtés, votre perroquet sera un peu dur, mais je vais le piquer et le farcir si bien qu'on ne le reconnaîtra plus...

Ici les éclats de rire de Zizi, de Roncherolle et de Jéricourt, ne permettent plus d'entendre les lamentations, les gémissements d'Alfred, qui, dans un mouvement de désespoir, veut jeter le pâté à la tête de Beauvinet; mais on le retient, et Roncherolle lui dit :

— Puisque le mal est fait, il faut bien prendre son parti... et comme je présume que personne ici n'a jamais mangé de pâté de perroquet, je propose d'en goûter.

— Oui, goûtons-en ! dit Zizi. Ah ! je conterai cette aventure au théâtre, et je ferai bien rire mes camarades !

— Ça ne me fait pas rire, moi !... le fruit d'un si long travail... au moment où j'avais fini son éducation !... où il parlait si bien !...

— En voulez-vous un petit morceau... Saint-Arthur ?

— Moi ?... jamais... ah ! si... pour goûter... Gredin de pâtissier !... il avait bien raison de dire qu'on ne le re-

connaîtrait plus !... mais il faudra qu'il me rende les plu-
mes, au moins !

— Ah ! pouah ! que c'est mauvais ! dit Zizi en repoussant son assiette. Dur à ne pas pouvoir se mâcher !

— Et un certain goût qui n'est pas flatteur, dit Jéricourt ; le pâtissier ne l'a pas encore assez bien déguisé.

— Tenez, remportez tout cela, dit Roncherolle en ten-
dant l'assiette au pâté à Beauvinet ; et pour votre puni-
tion mangez-le !

— Oui, disparaissez avec, stupide brute ! s'écrie Saint-
Arthur. Allez-vous-en, car si je ne me retenais... Faut-il
être bourrique... je suis sûr qu'on lui dirait de conduire
un chien chez le pâtissier qu'il le ferait mettre en pâté !

Beauvinet prend le pâté sous son bras, retire avec
colère sa perruque sur son oreille droite, et s'en va en
grommelant :

— Ils ne savent pas ce qu'ils veulent... je fais ce qu'on
me commande et ils ne sont pas contents !... Qu'il fassent
leur pâté eux-mêmes alors.

XLIII

Duel.

L'aventure du pâté avait beaucoup amusé les convives ;
Saint-Arthur seul ne partageait pas la gaieté de ses in-
vités ; à chaque bouchée qu'il avalait il murmurait:

— Mon pauvre cacatoès !... mon cher Coco !... il
disait si bien : C'est Dutaillis qui est gentille... quel

malheur... Applaudissez, claquez Zizi !... je ne m'en con-
solerai jamais !...

— Tu vas commencer par te consoler tout de suite!...
dit la jeune actrice, et ne pas nous embêter plus longtemps de tes jérémiades... tiens, vois-tu, l'histoire de
ton pâté est cent fois plus drôle que n'aurait pu l'être ton
oiseau. Mais nous voici au dessert. Je veux du champagne
maintenant... et je veux que mon bon ami Roncherolle
nous tienne ce qu'il nous a promis.

— Monsieur va commencer ses exercices !... dit Jéricourt d'un air ironique. Voyons si c'est comme chez Ni-
colet : de plus en plus fort.

— Nous ferons notre possible pour que monsieur soit
content! répond Roncherolle en vidant un verre de champagne.

— Oh! mais avant tout, reprend Zizi, comme je suis
passablement curieuse, je veux l'histoire de ce petit bouquet de violettes que l'on m'a promise.

— Ah ! il a aussi des histoires ! murmure l'homme de
lettres, sapristi ! allons-nous avoir de l'agrément !

— Vous en aurez peut-être plus que vous ne pensez,
monsieur, répond Roncherolle en attachant sur Jéricourt
un regard expressif. Mais je commence... ce petit bouquet de violettes me vient d'une bouquetière... rien de
plus ordinaire, n'est-ce pas ? mais ce qui l'est moins, c'est
que la jeune marchande, qui est d'une beauté remarquable, est aussi sage, aussi honnête qu'elle est jolie...
or, voici ce qui lui est arrivé dans le courant de l'été dernier : un jeune homme du monde... un élégant... qui, je
crois, se prétend homme de lettres, a vu la charmante
bouquetière et l'a trouvée à son goût, il lui a tenu de ces
propos que tous les jeunes gens tiennent aux jolies filles...
jusque-là rien que de très-naturel...

— Tiens! s'écrie Saint-Arthur ; mais c'est comme Jéricourt avec...

— Laissez donc finir monsieur ! dit celui-ci, qui depuis
quelques instants est devenu fort attentif.

— Mais, comme je vous le disais, la jolie bouquetière,
qui est sage et qui aime d'ailleurs un fort gentil garçon,

n'écoutait pas et recevait fort mal les propos de notre
élégant : que fait celui-ci, pour triompher de la petite ?
il envoie un homme commander et payer un fort beau
bouquet, avec prière à la bouquetière de le porter elle-
même chez une dame dont il lui donne l'adresse, en la
prévenant que cette dame aura d'autres commandes à lui
faire. La jeune fille donne dans le piége... car vous devinez qu'on l'avait envoyée chez le séducteur qui avait
donné le mot à son portier pour qu'il laissât monter la
bouquetière...

— Ah ! mais c'est drôle... ça ressemble...

— Taisez-vous donc, Frofred, cette histoire m'intéresse beaucoup, moi.

Jéricourt ne souffle pas mot, mais il est devenu très-
pâle. Roncherolle poursuit son récit en attachant toujours
ses regards sur lui.

— Voilà donc notre bouquetière chez le jeune homme,
où elle était entrée sans défiance, car une femme lui avait
ouvert la porte. Mais bientôt celui qui la poursuit de son
amour parait, il est seul avec elle... il ne lui cache plus
qu'il veut triompher de sa résistance... la jeune fille voit
le danger, rappelle son courage et résiste si bien que le
monsieur si entreprenant reçoit sur le visage des marques
de cette vigoureuse défense... elles ne sont même pas encore tout à fait effacées... il est bien obligé de laisser
partir une femme qui se défend si bien. Vous croyez que
tout est fini là... et en effet cela devrait l'être... mais
non ; parce que cette jeune fille était honnête, parce
qu'elle n'a pas voulu cesser de l'être..... parce qu'elle
avait donné son cœur à un autre, ce monsieur a jugé
à propos de proclamer partout que cette jolie bouquetière avait été sa maîtresse... qu'elle était venue chez
lui de son plein gré... enfin que c'était une fille perdue...
il l'a déshonorée aux yeux de tous ceux qui l'aimaient...
ah ! voilà ce qui est lâche, voilà ce qui est infâme ! et ne
trouvez-vous pas que tant de mensonges, de calomnies
méritent d'être châtiés ?...

Zizi ne disait plus rien parce qu'elle avait deviné ; Jéricourt mordait ses lèvres et gardait aussi le silence ; mais Frefred s'écrie :

— C'est singulier... votre histoire... on dirait... où donc se place-t-elle votre jolie bouquetière ?

— Ici près... sur le boulevard du Château-d'Eau... vous la connaissez parfaitement...

— Comment... c'est donc Violette ?

— C'est Violette.

— Mais alors... le jeune homme qui prétend avoir eu... ses faveurs... c'est.

— Justement, c'est monsieur.

Jéricourt croit devoir alors se redresser en prenant un ton impertinent :

— Monsieur, dit-il à Roncherolle, je ne m'explique pas trop tous les contes, toutes les histoires absurdes que vous venez de nous débiter... et qui n'ont ni queue ni tête... mais ce qui me semble encore plus inconcevable, c'est qu'un homme de votre âge se fasse le chevalier des bouquetières !...

— Un homme de mon âge, monsieur, connaît assez le monde pour distinguer le faux du vrai... et quand on peut venger une femme indignement diffamée par un fat, l'âge n'y fait rien, monsieur, j'espère vous le prouver.

— En vérité, je suis bien bon de vous répondre !... reprend Jéricourt en se rejetant en arrière et se balançant sur sa chaise. Allez vous promener, monsieur, et laissez-moi tranquille !...

— J'irai me promener, monsieur, mais avec vous, je l'espère !...

— Oh ! ce serait drôle !... ma foi, mon cher monsieur : fâchez-vous si vous voulez, mais je ne me battrai pas pour une bouquetière.

— Et vous battrez-vous pour cela, monsieur?

En même temps Roncherolle, qui a quitté sa place et s'est approché de Jéricourt, lui soufflette le visage avec son gant.

Le jeune homme bondit sur sa chaise, il devient livide et semble vouloir s'élancer sur Roncherolle, mais celui-ci conserve une attitude si calme, si impassible, tout en présentant les pointes d'une fourchette à son adversaire pour le tenir en respect, que Jéricourt se contente de dire d'une voix étranglée par la colère :

— Voilà une insulte qui vous coûtera cher, monsieur!

— C'est ce que je serai enchanté de savoir, monsieur, et je pense que nous terminerons cela pas plus tard que demain matin.

— Oui, monsieur ; demain, à neuf heures du matin, je serai à la porte de Saint-Mandé, au bois.

— Je m'y trouverai à cette heure-là...

Saint-Arthur, vous avez été présent à l'insulte... vous serez mon témoin...

— Moi... témoin... mais je ne sais pas... si...

— Ayez la complaisance de prendre deux témoins, dit Roncherolle, car moi j'en amènerai deux.

— A demain, monsieur; Saint-Arthur, soyez chez moi avant huit heures.

Jéricourt prend son chapeau et sort du cabinet comme un furieux et sans saluer personne.

La jeune actrice ne pensait plus à rire, elle était toute saisie par ce qui venait de se passer; quant à Alfred, il devenait tour à tour blanc, rouge et jaune, et paraissait avoir envie de pleurer.

— Mes chers amis, dit Roncherolle en se remettant à table, je suis vraiment fâché d'avoir ainsi troublé la fin de votre dîner. Mais, que voulez-vous... il y a longtemps que j'attendais l'occasion d'en finir avec ce Jéricourt.

— Ainsi donc, répond Zizi, vous êtes certain que la jolie bouquetière a été calomniée?

— Parfaitement sûr. Au reste, ce combat sera le jugement de Dieu... Buvons au triomphe de la vérité.

— Je n'ai plus soif! balbutie Saint-Arthur. Me voilà forcé d'être témoin dans un duel... ça ne m'amuse pas... car enfin... est-ce que vos témoins sont méchants?...

— Pas le moins du monde... je mènerai là deux adolescents... vous n'avez rien à craindre... votre rôle sera absolument passif : vous ne serez là que pour regarder, car du reste avec mon adversaire il n'y a aucun arrangement à proposer.

— Ah ! s'il ne s'agit que de regarder... c'est différent...
comptez sur moi.

— Ah ! que je voudrais être à demain midi, s'écrie
Zizi ; et maintenant adieu, quittons-nous... je ne suis
plus en train de dire des bêtises... Je ne suis qu'un mauvais sujet, monsieur de Roncherolle, mais c'est égal, je
prierai le bon Dieu pour vous... et, que sait-on ! il m'écou-
tera peut-être.

En sortant de chez le traiteur, Roncherolle va se promener devant les théâtres qui sont sur le boulevard du
Temple ; il sait que Chicotin affectionne particulièrement
cet endroit, où il parvient souvent à se faire donner une
contre-marque, qu'il ne vend pas, mais avec laquelle il
va au spectacle. En effet, Roncherolle ne s'est pas pro-
mené dix minutes lorsqu'il aperçoit celui qu'il cherchait.

— Tiens ! c'est vous bourgeois ! s'écrie le jeune commissionnaire. Est-ce que vous êtes au spectacle par ici...
si vous n'entrez pas, faites-moi cadeau de votre contre-
marque.

— Non, mon garçon, je ne suis pas au spectacle ; mais
écoute bien ce que je vais te dire, c'est très-sérieux, très-
important... j'ai besoin de toi demain, il faut que tu sois
chez moi au plus tard à huit heures...

— C'est bien facile, j'y serai... si c'est là tout ?

— Non, je voudrais aussi que ton ami Georget, le jeune
amoureux de Violette, pût venir avec toi, j'ai besoin de
lui.

— Tiens ! pourquoi donc faire, bourgeois ?

— Je ne vous le dirai à tous deux que demain... cependant fais comprendre à ton ami qu'il s'agit de son bonheur
futur et de celui de Violette...

— Oh ! alors, soyez tranquille, il ne manquera pas !

— Mais ne parlez de cela à personne, pas même à Violette !... c'est un mystère...

— On se taira.

— Es-tu sûr de voir Georget ce soir ?

— Pardi ! quand il ne se promène pas avec Violette, il
est chez lui... faut toujours qu'il rentre... je l'attendrai.

— Très-bien... il est toujours chez M. Malberg ?

— Oui, mais il couche dans son logement à lui...

— Qu'il ne dise pas un mot de cela à... à M. Malberg !...

— Ne craignez rien... d'ailleurs il ne le verra sans doute pas avant d'aller chez vous.

— A demain alors et tous deux.

— Nous y serons, monsieur.

— Ah! vous amènerez un fiacre avec vous... ne l'oublie pas.

— Un fiacre, convenu, bourgeois.

Le lendemain à sept heures et demie Roncherolle était levé et nettoyait une paire de pistolets que, malgré sa détresse, il avait toujours conservés. A huit heures moins quelques minutes on ouvre doucement la porte et Chicotin paraît accompagné de Georget. Celui-ci, au lieu d'une blouse, portait maintenant un petit paletot boutonné jusqu'au menton, et sur la tête une casquette de drap bleu d'une forme élégante ; il se tenait bien droit et sa nouvelle toilette relevait encore la gentillesse de sa figure et la finesse de sa taille.

Roncherolle ne peut s'empêcher d'admirer la bonne mine de ce jeune homme et il va lui tendre la main, que celui-ci prend d'un air respectueux.

— Nous v'là, bourgeois, dit Chicotin ; j'espère que nous ne nous sommes pas fait attendre, vous voyez que j'amène Georget, et le sapin est en bas.

— C'est très-bien, mon garçon. Monsieur Georget, je vous remercie de vous être rendu à mon invitation ; quand vous saurez de quoi il s'agit, je suis persuadé que vous n'en serez pas fâché...

— Monsieur, je suis bien heureux si je puis vous être bon à quelque chose... je vous connais déjà par Violette, que vous aviez la bonté d'aller voir quand elle était malade, et Chicotin m'a dit...

— J'ai dit que, ce matin, il s'agissait encore d'elle... mais le bourgeois va nous expliquer toute la chose et pourquoi que...

— Tu es bien pressé, toi, le plus urgent maintenant c'est de partir, et surtout de ne point rencontrer ma petite voisine dans l'escalier, car elle nous adresserait des questions auxquelles nous ne pourrions pas répondre en ce moment...

— Oh! il n'est que huit heures... il gèle, et Violette ne sort pas sitôt en hiver.

— Eh bien, partons, jeunes gens.

Rocherolle prend sa boîte de pistolets, ce qui paraît intriguer beaucoup Chicotin. Georget sort le premier, s'avance avec précaution sur l'escalier, puis fait signe que l'on peut descendre. Tous les trois sont bientôt en bas; la porte n'est gardée que par Mirontaine, qui n'aboye que quand on entre et jamais quand on sort.

M. de Roncherolle monte dans la voiture, y fait monter Georget et Chicotin, quoique ce dernier assure qu'il serait aussi bien derrière, et dit au cocher de les mener à la porte de Saint-Mandé par la grande route de Vincennes.

— Tiens, nous allons à la campagne! s'écrie Chicotin, nous n'y trouverons pas beaucoup d'ombrage!...

— Messieurs, je puis vous dire maintenant pourquoi je vous ai emmenés avec moi, dit Roncherolle. C'est pour que vous soyez mes témoins, car j'ai un duel, je vais ce matin me battre au pistolet.

— Vous allez vous battre, monsieur? s'écrie Georget tout ému.

— Oui, mon ami : si je vous avais annoncé cela d'avance, auriez-vous refusé de m'accompagner?

— Oh! non, monsieur; au contraire, je vous aurais supplié de m'emmener.

— J'en étais sûr d'avance, jeune homme!...

— Et moi aussi, bourgeois; ça me va, les combats, les torgnolles!... j'aime ça!... mais avec quoi que nous nous battrons, nous autres?... Nous n'avons pas d'armes... ce sera donc à coups de poing? ça me va encore.

— Non, ce ne sera pas plus à coups de poing qu'autrement; vous êtes mes témoins et vous n'aurez nullement besoin de vous battre...

— Tant pis : à quoi que nous servirons alors?...

— A constater l'innocence d'une jeune fille dont j'espère être le vengeur. Je vais me battre avec M. Jéricourt.

— Avec M. Jéricourt! s'écrie Georget, avec cet homme qui a tendu un piége à Violette, qui l'a ensuite indignément calomniée?...

— Justement... trouvez-vous que j'ai tort?

— Ah! monsieur... quel bonheur... ce Jéricourt!... je le cherchais partout sans le rencontrer... mais ce n'est pas vous qui allez vous battre, monsieur, c'est moi... car c'est moi que cet homme a le plus cruellement offensé... c'est à moi qu'il a fait le plus de mal... moi qui serai le mari de celle qu'il a tenté de déshonorer... Vous voyez bien, monsieur, que c'est moi qui dois me battre avec lui...

— Mon cher Georget, j'étais bien sûr que vous alliez me dire tout cela... je m'y attendais! Mais calmez-vous et écoutez-moi... Je me suis trouvé hier avec ce monsieur; depuis longtemps j'en cherchais l'occasion... Je lui ai dit ce que je pensais de sa conduite avec Violette... Je lui ai demandé raison de ses calomnies, il a refusé; alors je l'ai frappé au visage. Aussitôt le duel a été arrêté pour ce matin. Maintenant, ce monsieur a le droit de me demander à son tour réparation de l'outrage fait à sa figure; si je ne me battais pas, si je vous laissais vous battre à ma place, je me conduirais comme un lâche... et, comme je n'ai jamais eu cette réputation, vous me permettrez de ne point la mériter maintenant. Tout ce que je puis faire, mon cher monsieur Georget, c'est, si je succombe, de vous permettre de prendre ma place et de recommencer le combat avec ce monsieur. Voilà qui est bien entendu, bien arrêté, pas un mot de plus là-dessus, ce serait inutile... mais nous sommes arrivés.

La voiture s'arrête à l'entrée du bois; Roncherolle descend avec les deux jeunes gens: Chicotin porte la boîte à pistolets. Ils regardent de tous côtés dans la campagne et n'aperçoivent personne.

— Est-ce qu'il ne viendrait pas? murmure Georget en frappant du pied avec impatience.

— Est-ce qu'il canerait? dit Chicotin.

— Il n'y a pas encore de temps perdu, messieurs, et ses témoins peuvent se faire attendre... mais, tenez, j'aperçois au loin une voiture... Je gagerais que ce sont les personnes que nous attendons.

La voiture arrive au bois, et bientôt on en voit descendre Jéricourt, Saint-Arthur et le petit Astianax.

— Saperlotte ! ils ne sont pas grands, ses témoins... s'écrie Chicotin, je les reconnais... à eux deux ils feraient un bel homme ! J'en mangerais bien une demi-douzaine comme ça sans me gêner !

D'un regard, Roncherolle impose silence à Chicotin ; Jéricourt s'avance avec ses deux amis : Saint-Arthur a l'air d'avoir mal au ventre, et le petit Astianax regarde en même temps les deux côtés du bois.

— Qu'est-ce à dire ? s'écrie Jéricourt en reconnaissant Chicotin, tandis que Georget lui lance des regards d'où jaillit la fureur ; comment, monsieur de Roncherolle prend pour témoin un commissionnaire... en vérité, j'aurais cru qu'il trouverait mieux que cela. Vous voyez, messieurs, l'honneur qu'on vous fait... et avec qui on vous met en relations...

— De quoi ! de quoi ! s'écrie Chicotin en relevant ses manches... est-ce qu'on veut me mécaniser ici ? Ah ! nom d'un nom ! je vas tout de suite démolir le combattant et ses témoins.

— Taisez-vous, dit Roncherolle d'un ton sévère. Puis, s'avançant vers les deux témoins de son adversaire, il leur dit :

— Messieurs, j'ai amené ce jeune homme... M. Georget, parce qu'il est le fiancé, le futur époux de la jeune fille que monsieur a voulu perdre... Personne plus que lui n'avait le droit d'être ici... car l'honneur de la femme qu'il doit épouser est le motif de ce combat ; quant à mon second témoin, ce brave garçon que vous voyez... ce n'est qu'un simple commissionnaire, c'est vrai... mais c'est lui qui a sauvé la jeune bouquetière au moment où, abreuvée par le mépris, les humiliations, désolée de passer... pour ce qu'elle n'était pas, elle allait se précipiter dans le canal et y chercher la fin de ses tourments... Croyez-vous, messieurs, que ce brave garçon, qui a fait rentrer l'espérance dans le cœur de Violette, n'ait pas aussi le droit

d'assister à un combat qui doit réhabiliter son honneur ?...
Voyons, messieurs, qui de vous voudra soutenir le contraire, et rougira d'avoir affaire à de pareils témoins ?
ce n'est pas vous, n'est-ce pas ?

Saint-Arthur et Astianax se contentent de s'incliner
profondément devant Roncherolle, qui reprend :

— Très-bien, tout est arrangé ; maintenant, mon adversaire a le choix des armes.

— Il choisit le pistolet, dit Astianax.

— Va pour le pistolet, j'en ai apporté...

— Nous aussi.

— Nous prendrons les vôtres, si vous voulez... cela
m'est égal... Mon adversaire a aussi le droit de tirer le
premier, je le reconnais ; vous voyez que nous n'aurons
aucune difficulté... Enfonçons-nous un peu dans le bois,
et finissons-en.

Tout le monde se remet à marcher ; puis on s'arrête
dans un endroit désert, où une clairière semble propre au
combat.

Astianax, qui a été parler à Jéricourt, revient dire à
Roncherolle :

— Quinze pas, cela vous convient-il, monsieur ?

— Ordinairement, ce sont les témoins qui décident
entre eux, mais n'importe, cela me convient ; marquez la
distance, je me place.

Astianax compte les pas, tandis que Saint-Arthur va
s'appuyer contre un arbre éloigné ; quand à Georget et à
Chicotin, Roncherolle est obligé de les contenir du regard.

Le jeune Astianax, ayant achevé de mesurer la distance, donne à chaque combattant un pistolet qu'il a pris
dans la boîte qu'il a apportée, puis va se ranger de côté,
en disant :

— Ils sont chargés ; à présent, j'espère que je n'ai plus
rien à faire.

— A vous à commencer, monsieur, dit Roncherolle en
saluant Jéricourt.

Jéricourt vise longtemps, puis il tire : la balle de son
pistolet entame, à la surface, le côté droit de son adversaire et le fait légèrement pirouetter ; Georget a fait un

mouvement pour courir à Roncherolle, mais celui-ci lui fait signe de ne point bouger et il se remet bientôt en place, en disant :

— Ce n'est pas mal, mais ce n'est pas encore ça.

Il tire presque aussitôt, et Jéricourt, atteint en pleine poitrine, tombe sur le gazon.

Les quatre témoins volent aussitôt au secours du blessé, qui rend déjà le sang par la bouche, et, en apercevant Georget, lui dit d'une voix éteinte :

— J'avais menti... elle est innocente..., dites-lui que j'ai avoué... que...

Le malheureux ferme les yeux et ne peut en dire davantage ; Chicotin l'enlève dans ses bras et le porte jusqu'à la voiture qui l'a amené, et dans laquelle monte aussi Astianax. Quant à Saint-Arthur, il a disparu, on ne peut le retrouver.

Georget revient en courant vers Roncherolle en s'écriant:

— Il a avoué... monsieur... il a avoué... il a reconnu qu'il avait calomnié Violette !... Tous ces messieurs l'ont entendu comme moi !...

— C'est bien, mon jeune ami... c'est ce que je voulais... Maintenant, il faut me donner votre bras pour m'aider à regagner notre voiture...

— Ah! vous êtes blessé aussi, vous, monsieur ?

— Peu de chose, très-peu de chose, mais cependant cela me gêne pour marcher... Je m'appuierai sur vous...

— Oh! tant que vous voudrez, monsieur !... que de reconnaissance je vous dois... Et Violette... quand elle saura...

— Je savais bien, moi, qu'elle méritait que l'on prît sa défense... mais je suis bien aise de vous avoir épargné cette peine-là !... et puis, voyez-vous, j'ai fait assez de sottises dans ma vie, et je ne suis pas fâché de faire par-ci par-là quelque chose de bien.

Chicotin rejoint la voiture au moment où M. de Roncherolle et Georget viennent d'y monter. La figure du jeune commissionnaire est toute bouleversée, et il balbutie :

— C'est égal, ça fait de l'effet tout de même... Un jeune homme qui se portait si bien tout à l'heure...

— Eh bien ! M. Jéricourt... comment est-il ? demande Roncherolle.

— Il est... parfaitement mort !

XLIV

Le mouchoir brodé.

Pendant que l'on se battait pour la jolie bouquetière, la jeune fille avait été toute surprise de voir, sur les neuf heures, arriver chez elle Pongo, qui lui avait dit :

— Maître, il prie mam'selle de venir chez lui après avoir fait une belle toilette... ah ! bien belle toilette surtout, et puis apporter gros bouquet.

Violette s'était empressée de répondre qu'elle allait se rendre aux ordres de M. Malberg ; mais, tout en mettant sa plus belle robe, son plus joli bonnet, elle se disait :

— Probablement M. Malberg veut m'envoyer quelque part, car ce ne serait pas pour me rendre chez lui qu'il me ferait faire de la toilette... D'ailleurs, ce bouquet qu'il me commande... c'est sans doute chez madame de Grangeville que je vais aller... Oh ! tant mieux, elle me plaît bien cette dame... et il y a longtemps que je ne lui ai porté de bouquet.

En voyant entrer chez lui Violette, si fraîche, si jolie, si gracieuse, et dont la toilette, quoique appropriée à sa position, ajoutait cependant un charme à sa personne, le comte ne peut s'empêcher de soupirer, en se disant :

— J'aurais été bien heureux, moi, si j'avais pu la nommer ma fille !...

— Me voici, monsieur, je me rends à vos ordres, dit Violette ; j'ai fait... ce que votre domestique m'a commandé de votre part... suis-je bien ainsi, monsieur?

— Oui, mon enfant, oui, très-bien... et je ne doute pas que madame de Grangeville ne vous trouve aussi charmante...

— C'est chez cette dame que je vais aller... je m'en doutais, monsieur...

— Et cela vous fait plaisir?

— Oui, monsieur.

— Tant mieux... Ecoutez-moi, Violette, je dois vous apprendre maintenant que cette dame vers laquelle je vous envoie a connu votre mère et le secret de votre naissance... si votre mère existe encore... si elle est disposée à vous reconnaître pour sa fille, cette dame vous le dira !...

— Il se pourrait, monsieur...

— Oui, et pour cela aujourd'hui, vous allez lui raconter tout ce que vous savez sur votre naissance... en lui laissant croire que vous ne savez tout cela que depuis peu... enfin, vous terminerez votre récit en lui montrant ce mouchoir que je vous rends aujourd'hui pour qu'il vous fasse retrouver vos parents.

— Ah ! monsieur... je me sens toute tremblante... l'idée que je vais peut-être connaître ma mère... pourquoi donc ne m'avez vous pas fait dire tout cela depuis longtemps à cette dame?

— Parce qu'avant de lui faire une confidence aussi importante, je voulais, mon enfant, qu'elle eût le temps de vous apprécier... que vous ne fussiez pas une étrangère pour elle.

— Et si cette dame... après m'avoir écoutée, après avoir vu ce mouchoir, ne me parlait pas de ma mère...

— Alors, pauvre fille ! c'est que vous n'en auriez plus... c'est que tout espoir de la retrouver serait évanoui... Mais cette supposition me semble impossible... non, on ne peut encore vous repousser... et ceux qui vous ont donné le jour seront trop heureux de vous prodiguer leurs caresses.

— Dirai-je à cette dame que c'est vous qui m'envoyez cette fois.

— Gardez-vous-en bien... laissez-la toujours croire que c'est M. de Merval... Allez, Violette, et si cela vous est possible, revenez me dire le résultat de votre visite à... à madame de Grangeville.

— Si cela m'est possible !... et qui donc pourrait m'empêcher de revenir près de vous, monsieur ? je pars, sur-le-champ... mais vous me reverrez bientôt.

La jeune fille reprend son bouquet et se dirige vers la demeure de cette dame, qui, lui a-t-on dit, peut lui rendre sa mère ; mille pensées confuses, mille espérances se croisent dans l'imagination de Violette qui arrive bien émue, bien tremblante au terme de sa course, et demande à mademoiselle Lizida si elle peut voir sa maîtresse.

— Je pense que oui, dit la femme de chambre : madame a été au bal hier, mais elle n'est pas rentrée fort tard ; il est midi, elle vient de se lever, je vais vous annoncer vous et votre bouquet.

Au bout de quelques minutes, Violette est introduite près de madame de Grangeville qui était devant son miroir, achevant sa toilette du matin, et qui sourit à la jeune fille, en lui disant :

— Ah ! voilà ma jolie petite bouquetière... il y a bien longtemps que vous n'êtes venue, petite... on me néglige donc... M. de Merval est donc moins galant avec moi...

— Je ne sais, madame...

— Voyons votre bouquet... il est bien... j'en ai vu de plus beaux au bal cette nuit... asseyez-vous là, petite... causons un peu... oh ! mais comme vous êtes parée aujourd'hui... où allez-vous donc ce matin ?

— Je ne vais... qu'ici, madame...

— Ah ! c'est pour moi que vous avez fait cette toilette... vous êtes très-bien ! et moi... ce bonnet... trouvez-vous qu'il me va... j'ai l'air un peu fatigué, n'est-ce pas ?... on a absolument voulu me faire danser cette nuit... Mais qu'avez-vous donc, petite ? on dirait que vous ne m'écoutez pas... vous paraissez distraite...

— Ah ! madame... c'est que...

— C'est que... achevez...

— Depuis que j'ai eu l'honneur de vous voir... j'ai appris tant de chose... sur...

— Sur quoi...

— Sur ma naissance... sur ma famille...

— Votre famille... vous m'avez dit que vous étiez un enfant abandonné...

— Oui, madame... mais quelqu'un qui a connu ma nourrice, m'a appris plusieurs choses,.. qui peuvent, m'a-t-on dit, m'aider à retrouver mes parents...

— Vraiment... je mettrai un ruban bleu au lieu d'un rose... ce sera mieux... est-ce que vous n'avez pas été déposée aux Enfants-Trouvés... à Paris.

— Non, madame... je suis bien née à Paris, mais on m'avait confiée à une nourrice qui était de la Picardie et qui repartait sur-le-champ pour son pays.

Madame de Grangeville cesse de chiffonner son bonnet et dit à mademoiselle Lizida qui rangeait dans la chambre :

— Laissez-nous, sortez.

— Vous disiez donc que votre nourrice habitait la Picardie...

— Oui, madame.

— Comment se nommait-elle?

— Marguerite Thomasseau.

— Marguerite... ah ! vous êtes sûre qu'elle se nommait Marguerite?

— Oui, madame...

— Et... et vous... quel nom vos parents vous avaient-ls donné ?

— Le monsieur qui me remit entre les mains de ma nourrice, elle ne sait pas si c'était mon père, mais elle le présume, lui avait dit que je me nommais Evelina Paulausky.

Madame de Grangeville fait un brusque mouvement sur sa chaise, mais au lieu de se rapprocher de Violette, elle s'est vivement reculée, on croirait qu'elle a peur de la jeune fille ; celle-ci attend avec anxiété ce que cette dame va lui dire... mais quelques instants qui paraissent bien longs s'écoulent, et pas un mot ne s'échappe de la bouche de madame de Grangeville qui tient sa tête penchée sur sa poitrine et paraît absorbée dans ses réflexions.

Violette se décide à reprendre la parole :

Ce n'est pas encore tout, madame... il paraît qu'en me confiant à ma nourrice, au lieu de lui donner une flayette, on lui avait remis des effets d'homme, parmi lesquels il y avait un mouchoir qui venait de ma mère.

— Ah!... on a dit cela?

— Oui, le monsieur l'a dit en le donnant à la nourrice... et celle-ci l'a toujours conservé, espérant qu'il me servirait un jour à me faire reconnaître de celle qui m'a donné le jour.

— Eh bien... et ce mouchoir...

— On me l'a donné aujourd'hui, le voilà... voulez-vous le voir, madame...

Violette tendait d'une main tremblante le mouchoir à celle qu'une voix secrète lui disait être sa mère. Madame de Grangeville le prend sans tourner la tête, elle l'examine un moment ; il ne lui a fallu qu'un regard pour le reconnaître... mais déjà elle ne doutait plus que Violette ne fût sa fille, et si depuis quelques moments elle réfléchissait en silence, c'était pour se demander si elle devait avouer à la jeune bouquetière qu'elle était sa mère. Après quelques minutes de réflexion, elle s'était dit qu'elle n'avait nul besoin de reconnaître pour sa fille une petite bouquetière dont la présence chez elle l'embarrasserait, la gênerait continuellement et ferait nécessairement savoir qu'elle avait plus de trente-cinq ans.

Violette qui attendait, qui espérait, qui ne vivait pas depuis que madame de Grangeville tenait le mouchoir entre ses mains, lui dit enfin :

— Eh bien! madame... ce mouchoir...

— Il est fort beau, mademoiselle, fort bien brodé !

En disant cela, cette dame lui rend le mouchoir ; la jeune fille ne peut se décider à le reprendre, elle balbutie :

— Est-ce que madame... n'a pas autre chose à me dire...

— Moi, mademoiselle, et que voulez-vous donc que j'aie à vous dire...

— Pardon... mais on m'avait fait espérer... que madame... connaissait... ma mère... et que...

— On vous a dit des choses qui n'ont pas le sens commun, mademoiselle, répond madame de Grangeville d'un ton fort sec ; et à ceux qui vous ont dit cela, vous pouvez leur dire qu'ils ont rêvé, et voilà tout... Tenez, reprenez donc votre mouchoir.,. je n'en ai que faire... Lizida! Lizida! venez m'habiller... je vais sortir.

Violette comprend qu'on la met à la porte ; elle se lève le cœur serré, replace avec soin le mouchoir dans son sein, et, saluant madame de Grangeville, lui dit d'une voix étouffée par les sanglots :

— Adieu, madame... pardonnez-moi de pleurer chez vous... mais j'espérais y trouver ma mère...

— Adieu, mademoiselle... croyez-moi, ne pensez plus à tout cela... ne vous mettez plus de chimères dans la tête... et lorsque vous verrez M. de Merval... dites-lui bien qu'il est dans l'erreur, complétement dans l'erreur.

Violette est partie toute en pleurs, et c'est dans cet état qu'elle revient trouver M. de Brévanne, et lui raconter son entrevue avec madame de Grangeville.

Le comte serre la jeune fille dans ses bras en lui disant:

— Pauvre petite! celle qui vous a donné le jour est indigne de votre amour, de vos caresses... mais si vous n'avez pas retrouvé votre mère, consolez-vous, je vous tiendrai lieu de famille, moi, je ne vous abandonnerai jamais.

Il y avait à peine quelques minutes que le comte tâchait de consoler Violette, lorsque la porte de son appartement s'ouvre avec violence, et Georget paraît tout essoufflé, tout en nage, mais la joie brille dans ses yeux, et il s'écrie :

— Elle est ici... n'est-ce pas, monsieur... oui, la voilà !... réjouissez-vous, Violette ! réjouissez-vous... personne maintenant ne pourra plus douter de votre innocence... vous êtes vengée! M. de Roncherolle s'est battu avec Jéricourt. Je voulais me battre à sa place... il n'a pas voulu... nous étions les témoins... ah! j'ai couru à votre place... j'étais si pressé de vous dire cela.

M. de Brévanne fait asseoir Georget qui ne peut plus parler. Lorsqu'il a repris sa respiration, il fait un récit exact de tout ce qui s'est passé pendant la matinée du duel qui a eu lieu et de tout ce qui en est résulté. Violette écoute avec attendrissement, le dévouement de M. de Roncherolle lui arrache des larmes; le comte, qui a écouté aussi Georget avec le plus vif intérêt, dit alors à la jeune fille :

— Vous le voyez, mon enfant, le ciel vous envoie déjà une grande consolation... votre innocence est pleinement reconnue; sans doute il est douloureux qu'un homme ait dû payer de sa vie les calomnies qu'il avait débitées, mais si vous pouvez regretter ce malheur, en vérité vous ne pouvez pas vous en accuser. Quant à M. de Roncherolle, sa conduite dans cette affaire ne mérite que des éloges, il a droit à toute votre reconnaissance... et avant peu, il sera bien récompensé de ce qu'il a fait... Mais n'avez-vous pas dit, Georget, qu'il était blessé aussi?

— Oui, monsieur, au côté droit... la balle a fait un trou... il dit que ce n'est rien... cependant nous l'avons couché, moi et Chicotin, et mon ami est allé prévenir le médecin.

— Je vais aller m'établir près de son lit, et lui servir de garde, dit Violette.

— Allez, mon enfant, allez prodiguer vos soins à M. de Roncherolle, c'est votre devoir et je suis certain que pour votre cœur c'est aussi un plaisir.

En voyant la jeune bouquetière entrer dans sa chambre, Roncherolle se soulève sur son lit, lui tend la main en souriant, et lui dit :

— J'étais sûr que mes deux bavards iraient bien vite vous conter tout cela... Eh bien, oui, nous nous sommes battus pour vous, mon enfant; mille diables! vous en valez bien la peine... le petit ne voulait pas me laisser faire... il voulait se battre à ma place... oh! il a du cœur... c'est un brave garçon... mais il est encore trop jeune, et puis il valait bien mieux que cela se passât ainsi.

— Ah! monsieur, comment vous exprimer ma reconnaissance...

— Pas de reconnaissance... de l'amitié, cela vaut mieux!

— Voulez-vous me permettre de vous embrasser...

— Si je veux!... je n'aurais pas osé vous le proposer, mon enfant, mais j'accepte de grand cœur?...

Et Roncherolle presse dans ses bras Violette qui a les yeux humides de larmes, mais cette fois c'est une douce émotion qui les fait couler.

Chicotin amène un médecin qui visite la blessure et ordonne un repos absolu. Mais le soir la goutte se déclare de nouveau chez le blessé, qui dit en soupirant :

— Le docteur peut être tranquille, je crois que je ne bougerai pas de quelque temps.

— Je vous tiendrai fidèle compagnie, dit Violette, je ne vous quitterai pas que vous ne soyez guéri.

— Je n'entends pas cela, ma petite voisine, vous irez vendre vos fleurs comme à l'ordinaire, vous viendrez le soir, ce sera encore bien aimable de votre part.

— J'en suis bien fâchée, mon voisin, mais vous ne m'avez pas demandé la permission pour vous battre, je ne vous la demanderai pas pour vous garder.

Georget a demandé à M. de Roncherolle de venir aussi le voir, et celui-ci lui a serré la main en lui répondant :

— Le plus que vous pourrez, mon jeune ami; un petit peu pour moi, et beaucoup pour cette jolie enfant à laquelle vous tiendrez compagnie et qui n'en sera pas fâchée.

Le lendemain, M. de Brévanne va de grand matin s'informer de la santé du blessé, et charge la portière de dire à Violette que quelqu'un désire lui parler.

La jeune fille accourt et dit au comte :

— Vous auriez pu entrer chez mon pauvre malade, monsieur, car il dort en ce moment et, comme il n'a presque pas reposé de la nuit, j'espère qu'il va dormir quelque temps.

— Je croyais que sa blessure était peu de chose?

— Oui, monsieur, on le pensait d'abord, mais un accès de goutte qui est survenu lui a donné la fièvre et augmenté son mal.

— Eh bien, mon enfant, pour qu'il éprouve quelque adoucissement à ses souffrances, tenez, prenez cette lettre et lorsqu'il sera calme et que vous serez seuls tous deux, remettez-la lui.

— Il suffit, monsieur... et dirai-je que c'est de votre part...

— Oui... oui, maintenant vous pouvez agir sans mystère... au revoir, mon enfant, j'espère que le contenu de cette lettre, en lui apprenant une nouvelle heureuse, rendra la santé à... à votre voisin.

Le comte s'est éloigné, Violette serre avec soin dans son sein la missive qu'il vient de lui remettre, et retourne auprès du malade.

Sur le midi, Roncherolle, qui éprouve une trêve à ses douleurs, se sent plus calme, et tâche de sourire à la jeune fille qui le garde en lui disant :

— Vous êtes seule, chère enfant, nos jeunes gens vous ont donc quittée.

— Oui, monsieur, ils sont à leur ouvrage ; mais je n'en suis pas fâchée, car vous paraissez bien maintenant et j'ai quelque chose à vous dire... c'est-à-dire à vous remettre.

— Quelque chose à me remettre?... à leur insu?

— Oui, monsieur, c'est cette lettre... et comme on m'a dit qu'elle vous causerait du plaisir... qu'elle contribuerait peut-être à vous rendre la santé, j'avais hâte que nous fussions seuls pour vous la donner...

— Une lettre qui me causera du plaisir... et de qui donc la tenez-vous, chère petite?

— De... de M. Malberg...

— De M. Malberg... le protecteur de Georget?...

— Lui-même, monsieur.

Roncherolle laisse paraître une si vive émotion, sa pâleur est devenue telle, que la jeune fille en est effrayée.

— Qu'avez-vous donc, monsieur... vous sentez-vous plus mal?...

— Non... mais ce que vous venez de me dire... me surprend tellement... vous connaissez donc M. Malberg ?

— Oui, monsieur... ah! il est bien bon, allez!... il a pris chez lui Georget et sa mère... il s'intéresse à moi... il voulait me faire retrouver mes parents...

— Vos parents... mais donnez-moi cette lettre... mon enfant.

— La voilà, monsieur.

Roncherolle prend la lettre d'une main tremblante et brise le cachet. Il reconnaît sur-le-champ l'écriture de celui qui fut son ami, et ses yeux lisent avidement ce billet :

« Vous avez été bien coupable avec moi. Mais Dieu
« pardonne au repentir, je ne dois pas être plus inexo-
« rable que lui. Je vous rends votre fille, vous vous êtes
« battu pour son honneur, cela peut faire oublier l'aban-
« don de cette enfant.

« Le comte DE BRÉVANNE. »

A mesure qu'il lisait, Roncherolle devenait plus ému, puis il portait ses regards sur Violette ; enfin il a fini de lire, et ses yeux s'attachent sur la jeune fille avec l'ex- pression d'une tendresse si pure, que celle-ci toute troublée balbutie :

— Qu'avez-vous donc, monsieur... cette lettre devait vous causer du plaisir...

— Ah! elle me rend bien heureux aussi, chère enfant, tellement heureux, que je n'ose encore croire à mon bonheur, elle me parle de ma fille que j'avais perdue... abandonnée, et dont j'ignorais le sort!...

— Vous aviez abandonné votre fille ?...

— Oui... ah! je n'avais pas osé vous avouer cela... on ne veut pas rougir devant ceux qui nous témoignent de l'amitié.. mais vous, Violette, de grâce... ne savez-vous rien de vos parents... ne vous est-il resté d'eux aucun objet... aucun gage qui puisse vous faire reconnaître...

— Pardonnez-moi, monsieur, et si je ne vous en ai pas parlé plus tôt, c'est que M. Malberg me l'avait défendu ;

mais aujourd'hui il m'a dit : N'ayez plus de mystère pour M. de Roncherolle, et je puis tout vous dire...

— Ah! parlez... parlez...

— D'abord on m'avait donné les noms d'Evelina Paulausky, ensuite on m'a gardé ce mouchoir, qui me vient de ma mère.... regardez.

— Assez!... assez!... murmure Roncherolle en étendant les bras vers Violette. Chère enfant, si tu lui pardonnes ton abandon... viens, viens dans les bras de ton père!

— Vous mon père, ah! mon cœur l'avait deviné! dit Violette en se jetant de nouveau dans les bras de Roncherolle, qui la tient longtemps pressée sur son cœur.

Cependant une émotion si violente cause une nouvelle crise au malade qui voudrait dire mille choses à sa fille et n'en a plus la force ; celle-ci est obligée de le supplier de se calmer et de tâcher de prendre du repos.

Au bout de quelque temps, Roncherolle se sentant plus calme, fait signe à Violette d'approcher de son lit et se fait raconter par elle tout ce qu'a fait celui qu'elle nomme toujours M. Malberg. La jeune fille ne cache rien à son père, ni les bouquets qu'elle portait à madame de Grangeville, ni la dernière entrevue qu'elle a eue avec cette dame. Et Roncherolle lève les yeux au ciel, en murmurant :

— Elle lui a dit qu'elle ne connaissait pas sa mère!...

Puis Violette apprend à son père que le protecteur de Georget est venu le voir pendant sa dernière maladie, alors qu'il était sans ressources ; elle ajoute :

— C'est le lendemain que vous avez reçu cette lettre avec de l'argent ; je gage bien, moi, que c'est lui qui l'a envoyé.

— Ah! c'est trop! c'est trop! murmure Roncherolle en portant la main sur ses yeux. Il s'est bien plus vengé que s'il m'avait tué, car il m'a fait comprendre quel ami j'ai perdu!... et combien est souvent grave une faute que les hommes ont l'habitude de traiter si légèrement!

Georget ne tarde pas à venir s'informer de la santé du malade. En apprenant que celle qu'il aime est la fille de M. de Roncherolle, le pauvre garçon demeure stupéfait ;

il craint déjà que cette découverte n'apporte des obstacles à son union avec Violette ; mais Roncherolle, qui devine dans ses yeux ce qui le préoccupe, lui tend la main en lui disant :

— Mon ami... je n'ai pas le droit d'avoir des préjugés... d'ailleurs j'ai laissé ma fille vendre des fleurs, je puis bien la laisser épouser un ancien commissionnaire... Vous vous aimez, mes enfants, je ne m'opposerai jamais à votre bonheur.

Chicotin arrive ensuite, et, lorsqu'il apprend tous ces événements, il danse dans la chambre et veut y faire danser les meubles. Pour qu'il se tienne tranquille on est obligé de lui rappeler qu'il est près d'un malade ; alors il sort et va sauter sur le boulevard.

Georget a rapporté à son protecteur tout ce qui s'est passé chez Roncherolle, toutes les bénédictions que lui adressent le père et la fille ; le comte sourit en disant :

— Oui, je crois, en effet, qu'on est plus heureux en se vengeant comme je l'ai fait.

Six jours s'écoulent pendant lesquels Roncherolle a été alternativement mal et mieux. Le septième, il s'éveille avec une fièvre violente ; sa blessure le fait beaucoup souffrir, et, à son abattement, à la faiblesse de sa voix, il semblerait que ses forces l'abandonnent. Mais, cherchant toujours à cacher ce qu'il souffre, surtout aux yeux de sa fille, vers le milieu de la journée il la fait venir contre son lit, et lui dit, en essayant de sourire encore :

— Ma chère amie... veux-tu me rendre bien heureux?..

— Parlez, mon père, que faut-il faire ?

— Eh bien! il faut aller trouver le comte de Brévanne... car c'est là le véritable nom du protecteur de George... Il faut que tu lui dises toi-même combien je suis reconnaissant de ce qu'il m'a rendu ma fille... moi... qui eus tant de torts envers lui... Il faut de nouveau que tu l'assures de mon repentir... et que tu le pries de te répéter encore qu'il me pardonne.

— Mais, mon père, je ne voudrais pas vous quitter aujourd'hui... vous êtes bien abattu... vous souffrez davantage.

— Non, non, tu te trompes : je ne souffre pas plus qu'à l'ordinaire ; fais donc ma commission... Il me semble que cela me fera éprouver un grand soulagement.

— Oh ! alors, je vais vous obéir, mon père... justement j'entends Chicotin, et je lui dirai de ne point vous quitter jusqu'à mon retour.

La jeune fille met à la hâte ce qu'il lui faut pour sortir, puis va embrasser son père. Roncherolle la tient longtemps contre son cœur. Elle va s'éloigner... il la rappelle pour l'embrasser encore ; il s'efforce de lui sourire et la suit des yeux jusqu'à ce qu'elle soit sortie de la chambre ; alors il laisse retomber sa tête sur son oreiller, en murmurant :

— Chère petite... je crois que je fais bien de la renvoyer...

En sortant de sa demeure, Violette rencontre Georget qui venait savoir des nouvelles du malade, et veut alors accompagner son amie chez son protecteur ; mais la jeune fille le supplie de la laisser aller seule et de monter près de son père ; elle craint que Chicotin ne sache pas bien lui donner ce qu'il demandera. Georget se soumet aux désirs de Violette, et, au lieu de l'accompagner, il se rend près de M. de Roncherolle.

Violette arrive chez M. de Brévanne ; il est chez lui, mais occupé avec des architectes, des entrepreneurs, des gens qu'il fait travailler sur des terrains qu'il possède à Paris ; la jeune fille attendra qu'il soit libre, car elle ne voudra pas retourner près de son père sans lui avoir obéi et sans avoir vu le comte. Enfin celui-ci est seul, et Violette peut aller lui exprimer de nouveau toute sa reconnaissance pour ce qu'elle lui doit, et remplir la commission de son père.

M. de Brévanne écoute religieusement ce que Roncherolle a chargé sa fille de lui faire entendre. Il presse les mains de Violette dans les siennes en lui disant :

— Oui, chère petite, j'ai pardonné à votre père, et il doit savoir que je ne parle jamais que d'après mon cœur.

— Je vais lui répéter vos paroles, monsieur ! s'écrie Violette ; et j'espère que cela lui fera du bien, car aujourd'hui... j'ai bien vu qu'il souffrait davantage, quoiqu'il

cherche à me le cacher... et ce matin, en visitant sa blessure, le médecin ne m'a pas paru satisfait du tout.

— Je croyais sa blessure légère !...

— Oui, monsieur, mais une fièvre continuelle l'a empêché de guérir...

— Puisqu'il en est ainsi, je vais vous accompagner, mon
enfant ; je vais vous ramener chez votre père pour m'as-
surer comment il est. Peut-être un autre médecin lui serait-il nécessaire.

— Ah ! que vous êtes bon, monsieur ! ah ! que je vous
remercie !... Est-ce que vous voudrez bien aussi voir mon
père... et lui dire... ce que vous m'avez dit à moi ?... J'ai
idée que cela le guérirait tout de suite.

Le comte, pour toute réponse, emmène Violette en disant :

— Venez, mon enfant ; allons d'abord savoir comment
il se trouve.

Le chemin était court de la demeure du comte à celle de
Roncherolle. Violette et M. de Brévanne sont bientôt arrivés. La portière n'est pas dans sa loge ; c'est Mirontaine
qui les reçoit et se met à aboyer d'une façon lugubre.

— C'est singulier ! murmure Violette ; cette chienne me
connaît bien cependant... Pourquoi donc fait-elle ce bruit !
pourquoi ces gémissements plaintifs ?... Mon Dieu ! on dit
que cela annonce un malheur !...

Et la jeune fille montait rapidement l'escalier, tandis
que le comte cherchait à la rassurer. Mais, arrivée au cinquième étage, ils aperçoivent Georget et Chicotin immo-
bilés devant la porte de Roncherolle. Violette veut la
franchir vivement, Georget l'arrête en l'entourant de ses
bras, et elle s'aperçoit qu'il a les yeux pleins de larmes.

— Oh ! mon Dieu ! mon père est mort !... s'écrie la jeune fille.

— Georget et son ami baissent la tête tristement. Alors
Violette se laisse tomber dans les bras de M. de Brévanne
en balbutiant :

— Ah ! monsieur... j'ai perdu mon père !... et il y a si peu
de temps que le ciel me l'avait rendu !...

— Du courage, pauvre enfant ! dit le comte ; désormais
c'est moi qui vous en tiendrai lieu !

XLV

Conclusion

Après la mort de Roncherolle, le comte de Brévanne a fait venir Violette chez lui ; il la traite comme sa fille, il lui fait donner, ainsi qu'à Georget, différents maîtres qui achèvent leur éducation.

Le travail, l'amour de Georget, l'amitié du comte, changent petit à petit la douleur de Violette en un mélancolique souvenir.

Quelquefois elle dit à M. de Brévanne :

— Vous ne voulez donc plus que je vende des fleurs, monsieur ?

— Non, mon enfant, lui répond en souriant le comte. Vous en aurez, vous en cultiverez, vous en cueillerez tant que cela vous plaira; mais vous n'avez plus besoin d'en vendre, car j'ai de la fortune, et, à la fin de votre deuil, en vous mariant à Georget, je compte bien la partager avec vous.

Quelques semaines après la mort de Roncherolle, dont le comte avait fait part à M. de Merval, celui-ci rencontre dans une promenade madame de Grangeville, qui s'empresse de venir à lui en s'écriant :

— Enfin je vous rencontre, mon bon, mon sincère, mon généreux ami... et je puis vous exprimer ma reconnaissance pour ce que vous faites pour moi. Plus de mystère, mon cher Merval, je sais tout... Je vous ai reconnu... et quel autre que vous, d'ailleurs, se serait conduit vis-à-vis de moi avec tant de délicatesse! Seulement je vous assure que, pour la petite bouquetière, vous vous êtes trompé... vous êtes dans l'erreur... ce sont quelques rapports dans les traits qui vous auront fait croire cela.

M. de Merval a écouté cette dame sans l'interrompre, et lorsqu'elle a fini, il lui dit d'un ton fort grave :

— Madame, il est temps que vous sortiez de l'erreur où vous êtes... Je ne mérite point vos remercîments... Cet argent que vous recevez d'une main inconnue, je vous le répète, ce n'est pas moi qui vous l'envoie... mais je me doute bien d'où il vous vient...

— De qui donc alors?... Ah! de grâce, nommez-moi cet ami généreux...

— C'est le comte de Brévanne, madame.

Madame de Grangeville fait une singulière figure et se pince les lèvres avec dépit, en murmurant :

— Mon mari... ah! quelle idée... Et comment aurait-il su que je me trouvais gênée?

— C'est moi qui le lui ai dit, madame, après avoir eu l'honneur de vous rendre visite ; je n'ai pas cru mal faire en apprenant à M. de Brévanne que votre position n'était pas... heureuse.

— Je ne vous avais pas chargé de cela, monsieur... Et alors... la bouquetière...

— C'est encore lui qui vous l'a envoyée, madame.

— En vérité, monsieur, je n'ai rien compris au roman que cette jeune fille m'a conté... On a cru... on s'est imaginé des choses qui n'avaient pas le sens commun...

— Il paraît, madame, que M. de Roncherolle a mieux compris que vous, car dans cette jeune bouquetière il n'a par hésité à reconnaître sa fille.

— Sa fille !... M. de Roncherolle l'a reconnue pour sa fille?...

— Oui, madame... peu de temps avant de mourir.

— Comment! Roncherolle est mort?

— Il est mort, madame, en demandant encore pardon à l'ami qu'il avait si gravement offensé...

— Ah! ce pauvre Roncherolle, il est mort!... Eh bien! en vérité, il a bien fait... car il était dans une piteuse situation... Et... et... la petite bouquetière?...

— Elle est chez le comte de Brévanne, madame... Il a adopté cette enfant... Il ne l'abandonnera jamais, lui. Ah! c'est un homme comme il y en a peu, que le comte!... et vous devez être bien fière, madame, d'avoir porté son nom jadis!

Madame de Grangeville n'est pas maîtresse d'un mouvement de dépit; mais elle se contient, fait un froid salut à M. de Merval, et le quitte précipitamment.

Vers la fin du carnaval, qui arrive très-peu de temps après, à la suite d'un bal où elle a mis un costume beaucoup trop décolleté, madame de Grangeville attrape une fluxion de poitrine, et neuf jours après s'être mise au lit elle sent qu'elle n'en relèvera pas.

Alors un sentiment maternel s'élève pour la première fois dans le cœur de cette femme qui n'a jusque-là vécu que pour elle. Traçant à la hâte quelques mots d'une main tremblante, elle écrit au comte en le priant de vouloir bien lui envoyer sa fille, qu'elle voudrait embrasser avant de mourir.

Mais le comte répond au messager de sa femme :

— Lorsqu'on a deux fois repoussé son enfant de ses bras, on ne doit plus espérer qu'il nous fermera les yeux. Il est trop tard maintenant pour que Violette connaisse sa mère.

Quelques jours après la mort de madame de Grangeville, le comte de Brévanne reprend son nom, son titre, et il n'y a plus de M. Malberg.

La famille Glumeau continue de jouer la comédie dans son bois; mais on ne permet plus à Chambourdin de placer des dames sur les branches.

Le beau petit Saint-Arthur, ayant mangé jusqu'à son dernier sou avec mademoiselle Zizi Dutaillis, a été trop heureux de retrouver une place de commis dans un magasin de nouveautés, où il a repris son nom et est redevenu Benoît Canard comme devant. Mais la jeune artiste est bonne fille; elle permet encore à son ancien amant d'aller la voir quelquefois, et c'est elle maintenant qui lui offre à déjeuner.

Quant à Chicotin, il a voulu rester commissionnaire. Témoin du bonheur de Georget et de Violette, il se dit :

— C'est un peu à moi qu'ils le doivent! mais je suis bien tranquille : si j'étais malheureux, ils me donneraient une part de leur bonheur.

FIN DE LA BOUQUETIÈRE DU CHATEAU-D'EAU.

TABLE DES MATIÈRES

DU DEUXIÈME VOLUME

6150.76. — Boulogne (Seine). — Imprimerie JULES BOYER.

EXTRAIT

DE LA

Collection à 1 fr. 25 c. le volume

FRANCO ET PAR POSTE : 1 FR. 50 C. LE VOL.

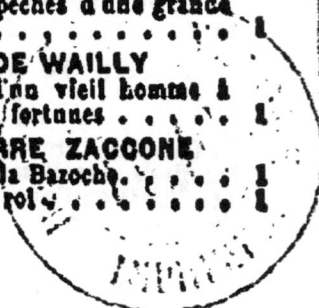

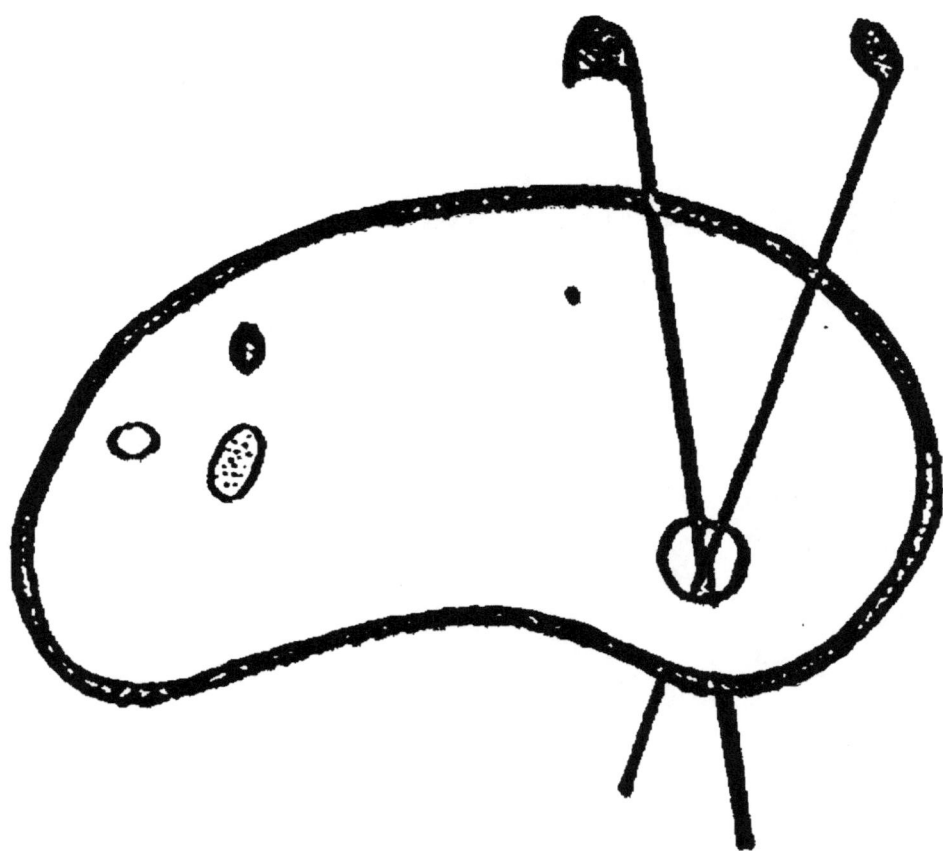

DEBUT D'UNE SERIE DE DOCUMENTS
EN COULEUR

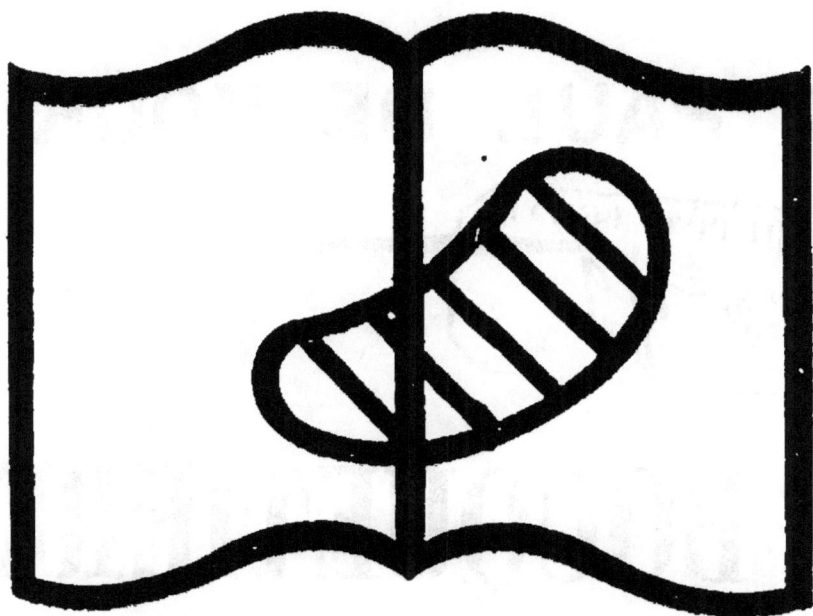

Illisibilité partielle

10e LIVRAISON. 10 CENTIMES

CH. PAUL DE KOCK

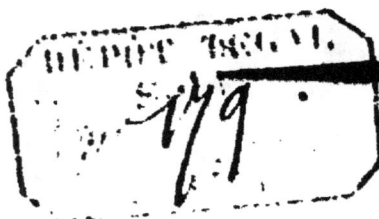

LA BOUQUETIÈRE

DU

CHATEAU-D'EAU

PARIS

Degorce-Cadot, Éditeur

70 *bis*, rue Bonaparte, 70 *bis*.

2 livraisons par semaine à 10 centimes

23ᵉ LIVRAISON.

10 CENTIMES

CH. PAUL DE KOCK

LA BOUQUETIÈRE

DU

CHATEAU-D'EAU

PARIS

Degorce-Cadot, Éditeur

70 *bis*, rue Bonaparte, 70 *bis*.

2 livraisons par semaine à 10 centimes

LES INTRIGANTS

PAR CH· PAUL DE KOCK

DEGORCE-CADOT, ÉDITEUR. — PARIS.

2 livraisons à 10 centimes par semaine.

Paris. — Typ. Walder, rue de l'Abbaye, 22.

LES INTRIGANTS

PAR CH· PAUL DE KOCK

DEGORCE-CADOT, ÉDITEUR. — PARIS.

Livraisons à 10 centimes par semaine.

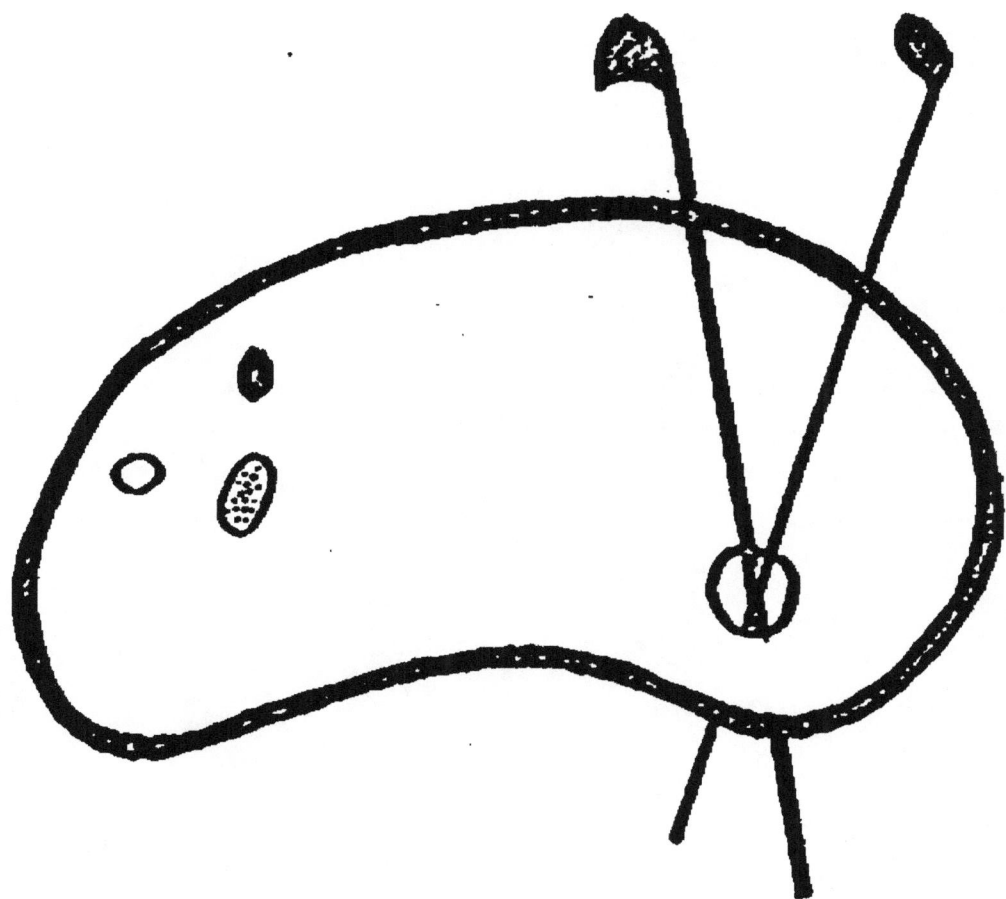

FIN D'UNE SERIE DE DOCUMENTS
EN COULEUR

www.ingramcontent.com/pod-product-compliance
Lightning Source LLC
Chambersburg PA
CBHW071946110426
42744CB00030B/566